GLOBAL BUSINESS

日本企業のグローバル事業展開

石戸　修《著》

ISHIDO Osamu

溪水社

目次

日本企業のグローバル事業展開

はじめに

多くの日本企業にとって、海外進出や海外事業の拡大は、主要な経営テーマの一つになっている。その背景にある理由として挙げられるのが、将来的に見込まれる、国内市場の縮小である。

英語で、「デモグラフィー（Demography）」という言葉がある。日本語に訳すと「人口統計」であり、人口の分布や推移の状況などを指している。デモグラフィーは、今後の日本国内における企業の経営環境を考えるうえで、非常に重要な意味を持つ。国内における人口は、２００８年をピークに減少傾向に転じており、今後はその傾向がさらに加速することが見込まれている。出生率の低下が主な要因であり、例えば、２０１９年における０歳の人口は、４０歳代後半や、６０歳代後半から７０歳代前半の世代と比較して、半分ほどの水準にある（図表１）。時間の経過と共に人口が自然減することは明らかであり、現状の予測では、２０３５年時点で、ピーク時と比較して１千万人以上減少することが見込まれている（図表２）。全人口のおよそ１０％に該当する水準であり、それにより、幅広い業種で需要が減少し、国内市場の縮小に繋がることが懸念される状況にある。

図表 1：年齢別日本人人口（2019 年）

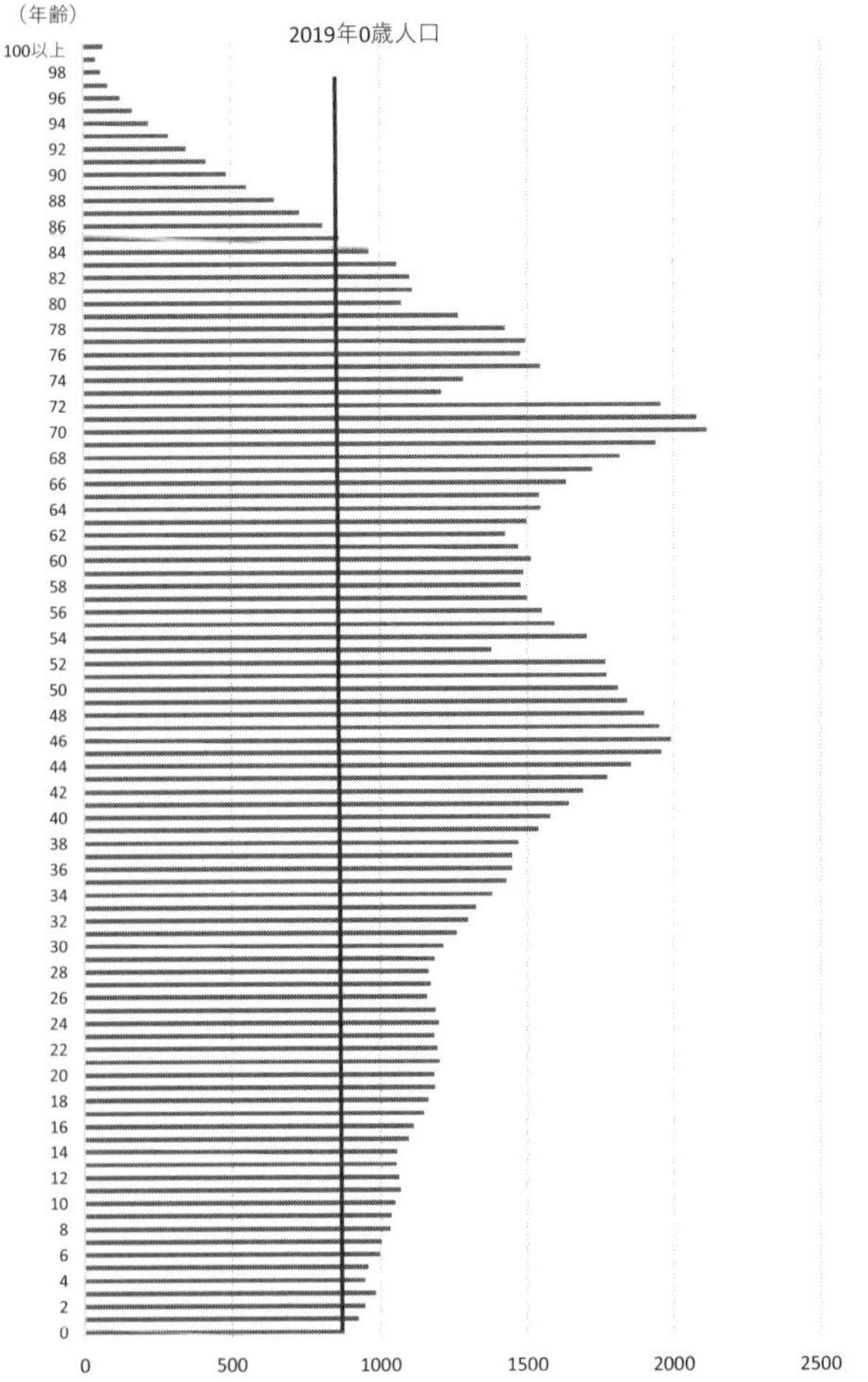

出所：総務省統計データを基に筆者作成

図表2：将来人口推計

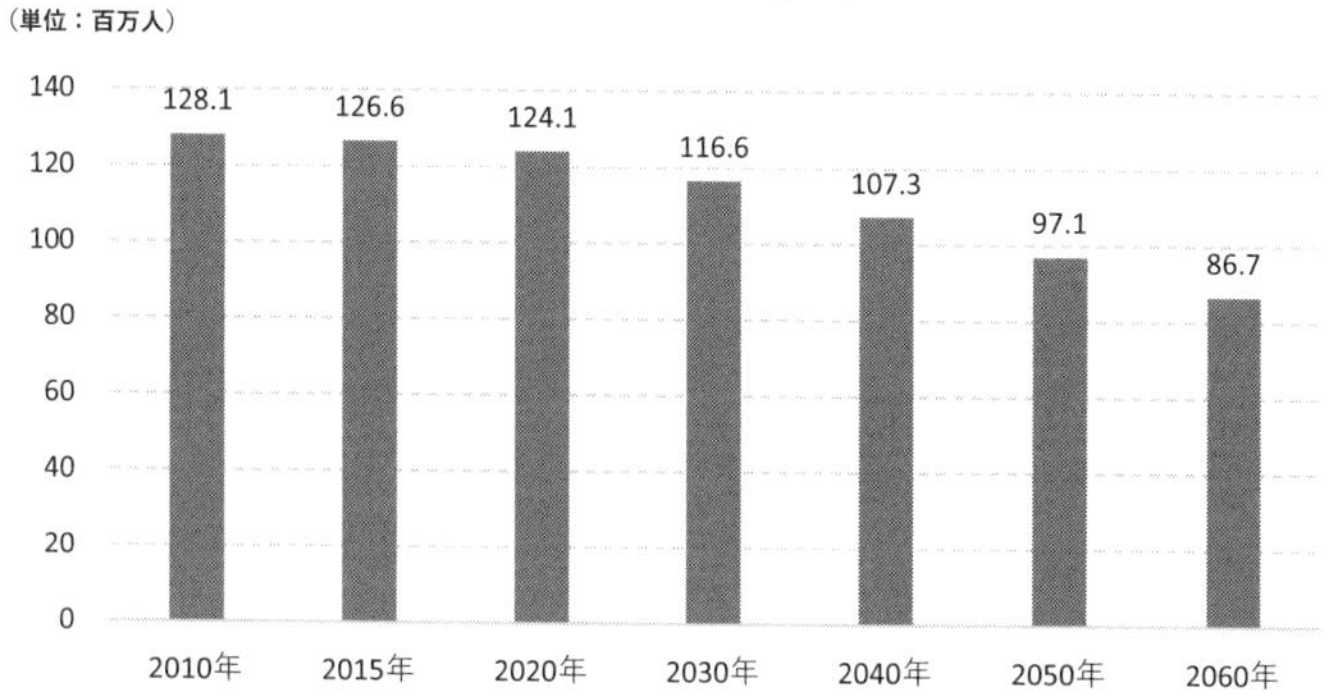

注：2015年以降は推計値。
出所：総務省、国立社会保障・人口問題研究所、内閣府データを基に筆者作成

人口減少の影響について、幾つかの業界を例に挙げて考えてみたい。例えば、自動車業界については、自動車の保有者が減少することに繋がる可能性が高い。一人で何台も車を保有することが当たり前になることを想定して、人口減少下でも、今後国内市場が伸び続けるという計画を描くことは難しいといえる。

また、食品やアパレルといった業界についても、同様のことがいえる。これらの業界では、消費者の絶対数の大幅減少は、需要の減少に直接的に繋がる可能性が高い。一人当たりの消費量が、人口減少による需要減少分を超えて増加して、市場拡大が続くという前提を置くことは容易ではない。

不動産業界も同様に、直接的な影響を受ける可能性が高いと考えられる。国内では、核家族化や単身世帯化が進むことで、世帯数が伸びてきたという背景がある。しかし、それが永続するという想定は難しい。今後、人口が大幅に減少すれば、現在の住宅数を維持することが困難になる。実際に、一部の都市以外の地域では、これらの都市への流出による人口減少に直面しており、空き家や荒廃した建物が増えるといったことが起きている。地域によっては、人口減少による問題が、既に顕在化している状況にある。

このような状況は、例として挙げた自動車、食品、アパレル、または不動産といった業種に限られる話ではない。様々なインフラの維持も難しくなり、人口の大幅減少は、多岐にわたる業種に、非常に大きな影響を与えることになる。

そのような状況下でも、性能を向上させより売れる自動車を販売することや、消費者のニーズに合った食品、衣類、住居などを提供することで、個別商品の販売を伸ばすことは可能だと考えられる。しかし、全体のパイが縮むという厳しい現実があり、多くの経営者は、その現実に対してどのように向き合うかという点について、思索しなければならない状況にあることは変わらないといえる。

国内市場のパイが縮小して競争環境が厳しくなれば、多くの企業の利益が圧迫されることに繋がる可能性が高い。一般的な営利企業の目的は利益を上げることにあり、事業を継続させるためにも、一定の利益を生み出し続けることが求められる。

一時的な資産売却等を除いて、既に事業活動を行っている企業が通常の事業活動からより多くの利益を生み出すには、財務的な観点でみて、「売上の増加」と「コストの抑制」の２つの形がある。後者は、事業の効率性を改善して、売上に対するコストを低減させることで、利益を増加させることになる。企業が計上する売上の水準自体は変わらなくても、コストを低減させることで、利益は増加する。市場全体が縮小するなかでは、その業界内の企業全てが継続的に売上を増加させることは難しい。そのような状況下で、売上維持または売上が一定程度減少しても、コストを抑制することで利益率を改善することは、一定程度可能であると考えられる。

例えば、企業が生産拠点を国内から海外に移すことなどは、従来から行われてきた。人件費に加えて、水道光熱費などの基礎インフラ関連のコストがより低い国で生産することで、利益率を改善させるケースは多くある。また、コスト抑制の試みは、業界内での再編により実行されるケースもある。市場が縮小すれば、例えば、従来は特定業界内で８社の企業が存在できたものが、６社しか生き残れないという状況に陥る可能性がある。そのような場合には、単独でのコスト削減に限界があることも多い。そのため、他社との経営統合を図り、重複する機能を削減することや、スケールメリットによって、製造・サービスに関するコスト単価を下げ、利益率の改善を試みることがある。

他方で、「売上の増加」は、商いの規模拡大を通じて、利益を増加させることである。既存事業の拡大を図ることに加えて、新たな事業に取り組むといったケースが考えられる。事業拡大の方向性について考えるうえでは、縦軸（垂直）と横軸（水平）の観点で考えると分かりやすい。例えば、一般的な製造業において、原材料生産から商品の製造を経て、その後消費者に届けられるまでのプロセスを、サプライチェーンと呼ぶ。この一連のプロセスを川の流れに例えて、原材料の供給を源流に近い「川上」と呼び、最終的な消費者に近い販売などを「川下」と呼ぶ。この川上から川下までの一連のプロセスが、事業の縦軸であると捉えられる。一方で、横軸は、この一連のプロセスのなかの一部分について、さらに拡大することを意味している。企業によって、サプライチェーンのどこに位置するかは異なり、また、川上から川下まで幅広く関与する企業もあれば、その一部分にのみ関与する企業もある。

これらの縦軸と横軸での事業拡大を図る際にも、グローバルな事業展開が重要になることが多い。例えば、自社の商品に必要な部品の製造について、外部に委託するのではなく、内部に取り込むという縦の事業拡大を図ることがある。その場合にも、海外の部品供給会社を買収することや、海外でその部品を製造する工場を建設するというケースなどがある。他方で、現在製造している商品の生産量を増やすことや、販売している商品の対象地域を拡大するといった、横の事業拡大を図ることも多い。サプライチェーン内におけるポジション自体は変えずに、海外で新たに生産拠点を設けることや、国内で販売している商品の販売対象地域を海外まで広げることなどを通じて、規模を拡大するというケースなどがある。

将来的な国内市場の規模縮小が見込まれるなかで、海外進出や海外事業の拡大は、縦と横のいずれの観点でも、多くの経営者にとって検討するべき重要な課題になっている。しかし、仮に海外に有望と考えられる市場や生産拠点の候補があったとしても、実際に事業展開がうまく進められるとは限らない。グローバルに事業を展開するうえでの検討事項が多岐に及ぶケースが多く、様々な課題や問題をクリアすることが求められる。

では、実際に企業がグローバルな事業展開を進めるにあたり、どのような点に関する検討が必要になるだろうか。事業環境の分析において、PEST分析と呼ばれる手法がある。P（Political）は政治、E（Economic）は経済、S（Social）は社会、T（Technology）は技術の略であり、これらの項目についてそれぞれ分析を行うことで、対象市場のマクロ環境に関する理解を深めることができる。PEST分析は、海外市場に参入する際の分析にも活用することができると考えられている。しかし、グローバルな事業展開を進めるうえでは、これらの点に加えて、対象市場における競合他社の状況や、進出方法といった点に関する検討についても重要になる。

実務では、検討事項はさらに多岐に及び、特定の国や地域、または、特定の業界や企業特有の検討事項などもあり、それら全ての項目を本書内で網羅することは難しい。その点を踏まえたうえで、本書では、特に重要性が高いと考えられる、①経済と政治の状況、②競合他社の状況、③規制と税制、④文化と環境的要因、⑤進出方法という、5つの要因に絞って取り上げている。

多くのケースにおいて、これらの要因は相互に関連している。例えば、政治的な状況と規制や税制との関連性は高く、また、規制の影響から、進出方法が限られるケースなどもある。そのため、グローバルな事業展開について検討する際には、各要因について独立して検討すれば良いということではなく、これらの要因を総合的に勘案して、事業展開方法について分析することが求められる。

今後、国内において急激な人口減少という大きな問題に直面するなかで、企業がグローバルな事業展開について検討する機会がさらに多くなると考えられる。事業の成功確率を上げるためにも十分な分析を行うことが求められ、本書が少しでもその役に立つことができれば幸いである。

第1章　企業経営に関する前提

企業経営について考える際に、２つの重要な前提について抑えておく必要がある。１つ目は、企業が保有する経営資源には限りがあるという点である。そして、２つ目は、企業はリスクを取ることでリターン（収益）を得ているという点である。

企業のグローバル事業展開に関する論点について理解するうえでも、これらの点は非常に重要である。そのため、本章では、これら経営資源とリスクに関する前提についての説明を行う。

1．経営資源に関する前提

（1）経営資源に関する制約

どれだけ多くの経営資源を保有しているかという点については、当然ながら、企業によって大きく異なる。一般的には、業績が安定せず、繰り返し赤字を計上している企業などは、経営資源に関するより多くの制約がある。一方で、継続的に多くの利益を上げている企業に加えて、将来的に有望と考えられている分野では、より多くの経営資源を確保できる可能性が高いといえる。

経営資源の水準に違いはあるものの、いずれの企業も、経営資源に限りがあるということ自体は変わらない。多くの資源を有している企業であっても、全てのプロジェクトに投資することはできない。それぞれの企業は、保有する経営資源の範囲内でのみ、事業活動を行うことができる。そのため、経営者は、限られた経営資源を最大限有効に活用するために、どの分野に、どれだけ経営資源を配分するかという点についての検討が必要になる。幾つもの選択肢があるなかで、経営者は、最も良いと考えられる選択肢を選ぶことが求められる。

仮に、企業が幾らでも自由に経営資源を調達できる場合には、経営者が思いついた全てのアイデアを実行できることになる。例えば、グーグルの親会社であるアルファベット社や、ネット通販を展開するアマゾンの時価総額は、２０１９年末時点でいずれも１００兆円に近い水準にある。経営資源を幾らでも調達することができれば、誰もがこれらの巨大企業をも買収できることになる。しかし、現実的にはそのような前提には無理があり、買収するだけの資金を確保することは困難である。

また、経営資源に関する制約は、資金のみに限定されない。例えば、人材についても、重要な経営資源の一つである。多くの日本企業にとって、この点は、グローバルな事業展開を図るうえで、大きな制約になる可能性がある。例えば、日本企業がグーグルやアマゾンといった企業を資金面で買収できると仮定した場合でも、買収後の運営がスムーズにできるかという問題がある。現状では、これらの企業は、世界で最も成功している企業であると捉えられており、買収後の企業価値を向上させるために、現在の経営陣を超える経営能力を確保できるかという問題がある。

また、企業買収に限らず、対象国で独自展開を図る場合にも、有能な人材の確保は大きな課題になる。異なる規制や文化等があるなかで、現地の状況を適切に理解し、また、現地の人と共に働くことができる人材の確保が求められる。それぞれの企業は、抱えている経営者や人材の能力の範囲内でのみ、事業を展開することができる。

資金や人材という点以外では、技術力についても重要な経営資源の一部であり、企業は保有している技術力の範囲内でのみ、商品の開発や製造などが可能である。これら、資金、人材、技術力などを含めて、企業は経営資源による制約を受けるため、抱えている経営資源の範囲内でのみ、事業活動を行うことができるという点について抑える必要がある。

（2）企業内での経営資源の配分

企業によっては、単独の事業だけではなく、2つ以上の事業を抱えていることがある。特に大手企業では、グループ内に複数の事業を抱えていることが多くあり、その場合には、事業間での経営資源の配分に関する問題が生じることになる。

例えば、国内小売最大手であるセブン＆アイ・ホールディングスでは、グループの中核的な事業として、総合スーパーであるイトーヨーカ堂と、コンビニエンスストアのセブン‐イレブンを運営している。イトーヨーカ堂は、グループ創業の事業と位置づけられ、2019年度時点の営業収益・営業総収入でみた事業規模は、国内コンビニエンスストア事業よりも大きい（図表1‐1）。一方で、国内コンビニエンスストア事業は利益率が高い事業であり、グループ全体の利益の相当程度の割合を稼いでいる状況が続いている。また、コンビニエンスストア事業については国内外で大規模に展開されており、現状では、海外の事業規模は、国内の約3倍にものぼる。

セブン＆アイ・ホールディングスにとっては、創業からの中核的な事業、収益性が高い事業、または、規模が大きく今後の成長も期待できる海外事業のいずれも重要であるといえる。そのような状況において、限られた経営資源を、これらの事業間でどのように配分するかという点は、難しい判断である。どの事業も、利益を増やすために、何かしらかの対策を講じ

図表 1-1：セブン&アイ社　セグメント情報

（単位：億円）

	営業収益	セグメント利益（営業利益）
国内コンビニエンスストア事業	9,712	2,566
海外コンビニエンスストア事業	27,398	1,020
スーパーストア事業	18,491	213
その他（調整額を含む）	10,842	444
合計	66,444	4,243

出所：2020年2月期セブン&アイ・ホールディングス有価証券報告書を基に筆者作成

ることが求められる。新規出店することで商いを増加させることに加えて、店舗を改修してテコ入れを図る、または、場合によっては不採算な店舗を閉店するといった対応も必要になる。仮に、不採算店舗の閉店や、特定地域から撤退するようなケースであっても、事業上の行動を起こす際には、相当程度のコストが発生する。限りがある経営資源を効率的かつ効果的に活用するために、経営者は、どの事業に、どれだけの経営資源を配分するかといった判断が求められることになる。

経営資源の配分方法は、各事業部門の現場から積み上げるボトムアップと、会社全体の計画に基づき、経営サイドから現場に割り当てるトップダウンのアプローチがある。当然ながら、ボトムアップのケースでも、積み上げられた予算がそのまま認められるのではなく、最終的に全社ベースでの調整が図られることになる。トップダウンも同様であり、各事業分野からの要請に基づき、追加資源の配分が必要な場合には調整されることになる。

一般的には、多くの利益が継続的に見込まれる事業に対して、より多くの経営資源が投入されることが多い。しかし、現時点では利益が上がっていなくても、将来的に重要になると見込まれる分野への投資も必要である。そのため、多くの企業が新規事業の開発や、新しい技術を獲得するためのR&D投資なども行っている。また、既存事業で収益性が低い分野であっても、テコ入れを図ることで、改善するケースも多くある。そのため、経営資源を配分するうえで、現在の利益水準だけで判断することは難しいといえる。

セブン&アイ・ホールディングスのように、グローバルに事業を展開する企業にとって、国内外の事業間での経営資源配分の問題もある。多くの日本企業にとっては、母国市場である国内での事業は重要であると考えられる。しかし、今後国内では継続的に人口が減少していくことが見込まれる状況にあるなかで、海外への経営資源の配分を増やすという判断が、中長期的にみて大幅に増加することも想定される。セブン&アイ・ホールディングスについては、2020年8月には、米マラソン・ペトロリウム社から、同社がSpeedwayブランドで展開していたコンビニエンスストア事業等を、約2.2兆円で買収することが公表されている。

特定の企業内で、海外事業が国内事業の重要性を上回れば、それに伴い、経営資源の配分に関する状況が大きく変わる可能性がある。例えば、商品開発が主に海外主要市場向けに行われ、それが後に母国市場である日本に投入されるというケースが増える可能性がある。また、人材についても、よりグローバルな事業展開に対応できる能力を持つことが求められることになる。海外事業が成功するほど海外への資源配分が多くなり、差が大きくなった場合には、日本国内に本社を置き続ける必要があるかという議論が生じる可能性も出てくると考えられる。

（3）経営資源の調達

企業が事業活動に必要な資金を調達するには、大きく分けて2つの方法がある。一つは外部からの調達であり、もう一つは内部での調達である。本書では、これらの方法を、「外部調達」と「内部調達」と呼ぶこととする。これらの資本の調達方法ついては、図表1-2で示すように、企業の財務諸表に基づいて考えると分かりやすい。

外部調達では、資本や債券の形で、投資家や金融機関といった外部の資金提供者から調達する。これらの外部の資金提供者は、十分なリターンや返済を見込むことができないと判断した場合には、資金を提供しないという判断をすることになる。

図表 1-2：財務諸表上の企業の経営資源

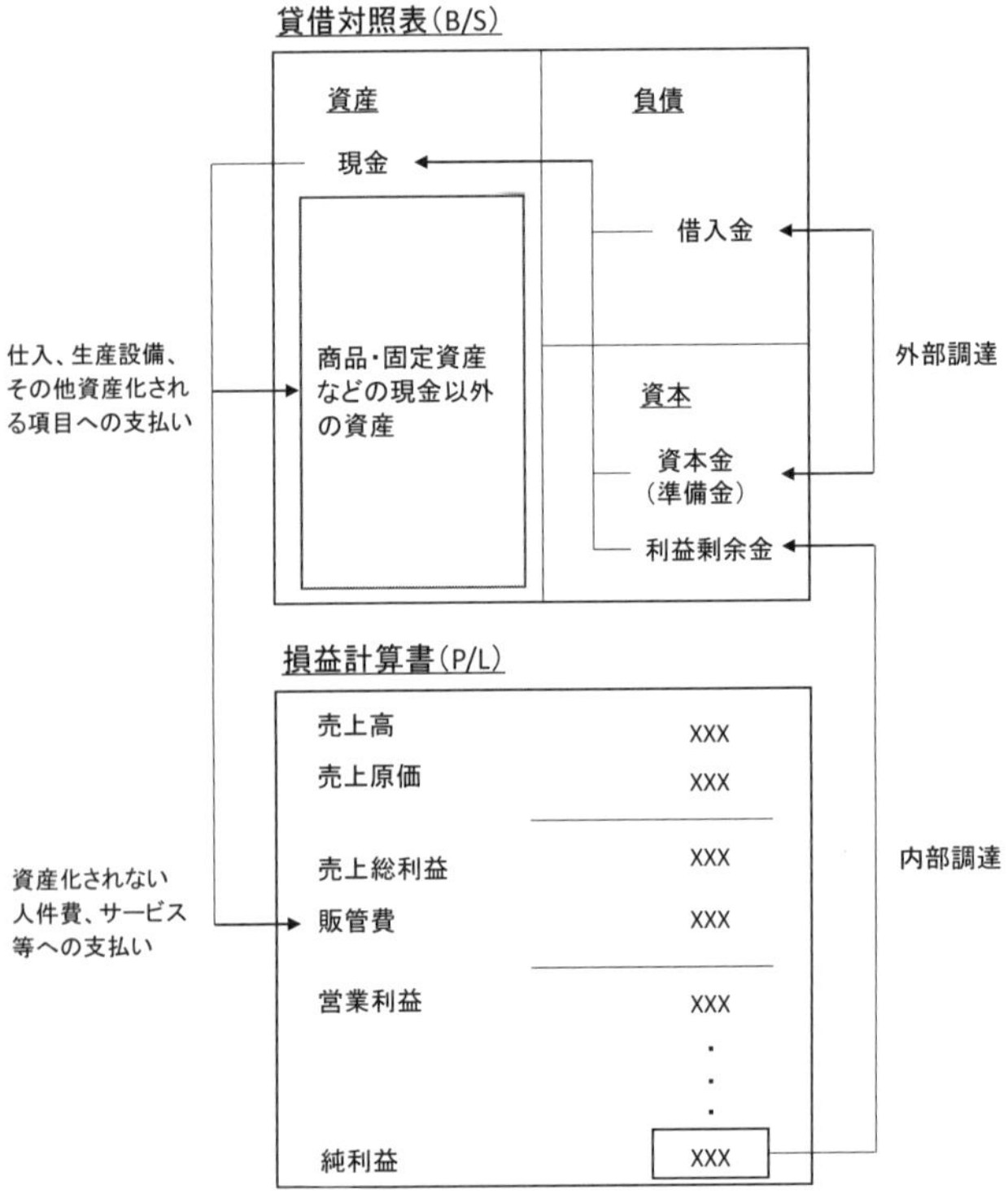

注：製造に直接関連する人件費など、売上原価に含まれるものもある。費用の区分については、業種によっても異なる。
出所：筆者作成

他方で、内部調達は、企業が事業活動等で計上した利益である。ただし、計上した利益のうち、一定割合については、配当などの形で株主に還元することが求められる。高成長が見込まれる企業では、計上した利益の大部分を留保して、将来への投資に向けるという対応が、比較的受け入れられやすいといえる。一方で、一定の利益は生み出しているものの、既に事業が安定期に入り必ずしも高成長が見込まれない場合には、より多くの配当を支払うことを要求される可能性が高くなる。計上した利益のうち、企業内に留保する残余部分のみを、追加的な経営資源として活用することができる。

企業の経営資源は、調達した資金のみを指すわけではない。企業は、外部調達と内部調達から得た資金を、事業活動で利益を生み出すために、他の資産などに変換することになる。例えば、小売業であれば、販売するための店舗を構えることや、商品の仕入れなどが必要になる。また、製造業であれば、工場用地や生産設備などを含めた生産体制の構築に関連する資産の取得に加えて、原材料の仕入れも必要になる。これらの商品や設備などについては、バランスシート上で資産として計上されることになる。

一方で、調達した資金は、資産としては計上されない分野にも活用される。例えば、企業にとって人材は重要な経営資源であるものの、人材という経営資源そのものについては、バランスシート上は資産としては計上されない。労働力というサービスに対して、給与という形で対価が支払われることになる。製造にかかる人件費いについては商品の原価として資産計上される部分があるものの、それ以外の一般的な人件費については、発生した期に費用として損益計算書で計上されることになる。

企業は、外部と内部から調達した資金の範囲内で、これら事業活動に必要な他の経営資源を獲得することができる。ただし、仮に複数の企業が同じ水準の資金を調達した場合でも、全ての企業が同じレベルの経営資源を獲得できるわけではない。例えば、特定の企業が、取得した生産設備をより効率的に活用できることがあることに加えて、同様の給与水準でも、より能力が高い人材を雇うことができるケースもある。そのため、調達できる資金の水準の違いに加えて、その活用方法等からも差が生じることになる。それらの違いから、各企業が生み出す利益の水準に差が生まれると考えられる。

十分な経営資源を確保できるか否かは、グローバルに事業展開するうえでも、極めて重要になる。十分な資金を調達できる場合には、より大規模で最先端の生産設備を設けることができることに加えて、現地で既に一定のシェアを持つ有力企業を買収するといった選択肢が生まれる。また、能力が高い人材を有している企業は、例えば、大型買収を行った際に、現地事業をより適切に運営・管理できることにも繋がることになる。

2．リスクに関する前提

（1）リスクと収益の関係

企業経営に関する２つ目の重要な前提は、リスクとリターン（収益）の関係についてである。企業は、様々な形でリスクを取ることで収益を得ており、企業によって、リスクの取り方は異なる。リスクは、業界によって違い、また、サプライチェーン内における企業のポジションなどによっても異なる。企業は、様々な手段を通じて、リスクを最小化するための手段を講じながら、事業活動を行っている。

リスクと収益の関係は、例えば、株式投資の分野について考えると分かりやすい。株式の価値の変動については、企業の業績やマクロ環境などを含めて、多くの要因が影響すると考えられる。一般的に、投資家は、価値が上昇することを見込んで投資を行う一方で、当然ながら価値が下落する可能性もある。その下落するリスクを取ることで、収益を得る機会を得ていると理解できる。投資家は、マクロ環境や対象企業に関するファンダメンタル分析を行うことに加えて、株価の価格変動についてのテクニカル分析を行うことなどを通じて、投資に関するリスクの軽減を図っている。

投資形態は異なるものの、他の事業分野でも同様のことがいえる。例えば、製造業であれば、工場や生産設備などの固定資産への投資を行うことで、事業上のリスクを負うことになる。それらを使って生産した商品が一定の数量売れなければ、投資が回収できないというリスクがある。生産設備などの固定資産については、株式ほど資産価値の変動が短期間で明確には見えない。しかし、資産を抱えてリスクを取ることで、収益の獲得機会を得ているという点は同じである。

また、業種によっては、高度な能力を有する人材や、事業や商品のアイデアなどに投資することを通じて、リスクを負う企業も多くある。例えば、近年はＩＴ系企業が台頭しており、同分野での優秀な人材の獲得競争が激しくなっている。多額の報酬を払えば、それに見合う成果が得られない可能性もある。また、人材が流出するリスクも常にあり、その際には、社内の機密情報が漏洩するといったリスクも負うことになる。これら人材やアイデアに関する投資では、無形のものを具現化することで収益を得ることも多い。そのため、投資のリスクに対して、収益の見込みがみえづらいといった側面がある。

ＩＴ業界では、例えば、２０１２年にフェイスブックがインスタグラムを買収したというケースがある。当時、インスタグラムは創業から2年ほどで、売上は殆ど計上されていない状況にあったとされている。しかし、フェイスブックは、インスタグラムをおよそ８００億円の対価で買収している。アイデアや能力といった無形の資産に対して投資を行い、大きなリスクを取ったケースであるといえる。現在では、インスタグラムは１日当たり5億人のユーザーがいるとされており、投資に対して大きな成果を得た案件であると理解されている。

業種や企業によってリスクの特徴は異なる一方で、リスクを取ることによって、収益の獲得機会を得ている点は同様である。海外への投資を行う場合には、業種や企業特有のリスクなどに加えて、為替変動に関するリスクも発生する。特に、新興国などでは、政治や経済の状況の変化によって、通貨の価値が大きく変動する可能性がある点を認識しておく必要がある。１９９０年代後半には、アジアの新興国を中心とした通貨危機によって、各国の経済に大きな影響を与えるという出来事が起きている。為替については、第３章の「経済と政治の状況」で再度触れることとする。

(2) サプライチェーン内での異なるリスク

(a) サプライチェーンとは

企業が負うリスクは、サプライチェーン内でのポジションの違いによっても異なる。サプライチェーンは、原材料の供給から、最終的な商品を消費者に届けるまでの、一連のプロセスを指している。この一連のプロセスを川の流れに例えて、原材料の供給を川の源流に近い「川上」と呼び、最終的な消費者に近い役割を「川下」と呼ぶ。そして、これらの中間に位置する役割を「川中」という。例えば、アパレル業界でみた場合には、洋服を作るための素材を提供する企業は川上、洋服を製造する企業が川中、販売を担う企業が川下とそれぞれ位置づけることができる。

　サプライチェーン内でのそれぞれの役割があるなかで、どの事業に取り組むかは、企業によって異なる。また、一連のプロセスのなかで、より広い範囲の事業に取り組む企業もあれば、特定の分野に特化して事業を展開する企業もある。

　一般的に、サプライチェーンの考え方は、製造業において用いられることが多い。しかし、原材料の供給から消費者に提供するまでの一連のプロセスについては、他業種でも、形を変えて適用することができる。そのため、製造業以外の分野のリスクに関する検討を行う際にも、それぞれの業種の特徴に合わせた形で用いることができると考えられる。

（b）製造業におけるサプライチェーンとリスク

　製造業のサプライチェーンはモノの流れに沿っており、最終消費者に近づくほど付加価値が高まり、モノの価格が上がることになる（図表1‐3）。そのため、川下で販売を担う企業は、より付加価値が付いた商品を仕入れることになる。販売できなかった場合の損失が川下ではより大きくなり、在庫リスクが高くなる傾向にある。なお、在庫リスクを軽減させるために仕入を少なくするという対応を取れば、買いたい消費者にモノを提供できないという、

図表 1-3：サプライチェーンのイメージ図

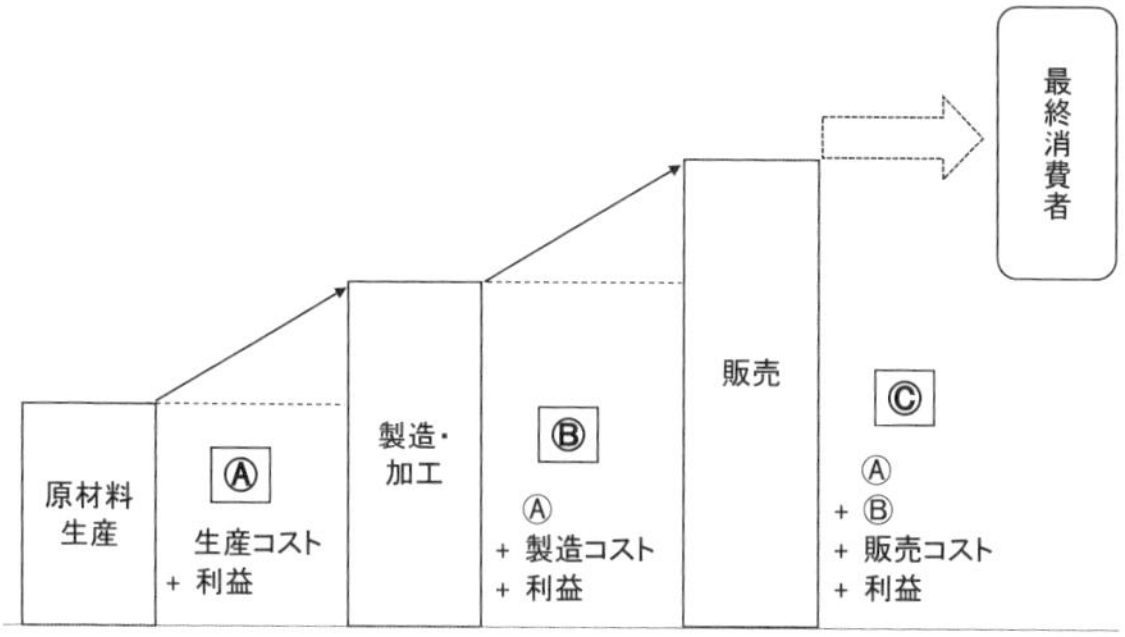

出所：筆者作成

機会損失が発生する可能性がある。そのため、在庫リスクと機会損失はトレード・オフの関係にあり、販売を担う企業は、両リスクを最小化できる妥協点を模索することが求められている。

製造業におけるサプライチェーンについては、例えば、食品業界を例に挙げて考えると分かりやすい。一般的に、食品はスーパーなどの小売店で販売されることが多い。多くの食品には消費期限があり、一定の期間内で販売できなければ、処分せざるを得ない状況に陥る。他方で、仕入が少なすぎれば、店舗の商品棚が空になる可能性がある。小売企業では、販売ネットワークの構築に大きな投資を行っており、店舗スペースをいかに効率的に活用するかが重要である。そのため、小売企業には、在庫リスクと機会損失の最小化という2つの点の間でバランスを取ることが求められている。

川下に商品を供給する川中では、商品の製造等を担っている。川中では、商品の品質に関するリスクが高くなる。商品の価格と品質が見合わなければ、期待通りに販売できない可能性が高まる。また、仮に小売企業に対して商品を供給した場合でも、品質面での基準を満たしていない場合には、商品の返品に繋がる恐れがある。

食品業界のケースでは、例えば、同じ味を維持して、品質の安定化を図ることが求められる。また、衛生面の管理なども必要であり、品質維持について求められる点が多い。製造ラインにおける異物混入といったことが起これば、企業としての信頼を失うことや、大規模な商品の回収にも繋がる。当然ながら、品質リスクへの対応にはコストが発生することになり、それらのコストについても、川下に供給する際の価格に転嫁する必要がある。しかし、価格が高くなれば、販売数の減少に繋がる恐れがある。そのため、製造を担う企業には、品質を維持したうえで、合理的な価格で商品を卸すといった対応が求められることになる。

品質管理以外の点で、川中では、生産設備への投資の規模とタイミングに関する大きなリスクを負っている。例えば、足元では、生産能力以上に需要が伸びている場合でも、その需要が維持されるかは不透明なことが多い。設備投資には多額の資金が必要なことが多く、投資後に需要が元の水準に戻れば、過剰な設備を抱えることになる。そのため、川中企業にとっては、需要の増加が継続的であるか、または、一時的なブームであるかの判断が極めて重要になる。品質管理や設備投資以外については、川中では、原材料の調達といった点に関するリスクも負うことになる。

最後に、川中に原材料を供給する川上では、継続的かつ安定的に供給することに関するリスクが高い。例えば、食品業界では、川上の役割を農産物の生産者などが担っている。生産者にとっては、一定の品質の作物を安定生産できず、原材料の安定的な供給ができなくなるリスクを抱えている。農業では、降雨や日照不足といった気象条件に加えて、台風などの自然災害や、病害・獣害などの要因が、生産の安定性に大きく影響する。農作物は、その立地で年間に一度しか栽培できないということが多くあり、生産できないリスクは非常に大きい。仮に、何かしらかの要因によって安定的な供給が途絶えれば、海外を含めて、他の産地に切り替えられるといったリスクもある。

ここでは食品業界の例について取り上げて説明を行ってきたが、製造業のなかでも、業種によって、サプライチェーンの構造やリスクの形は異なることがある。同じ業種内であっても、サプライチェーン内でのポジションによってはリスクは大きく異なるという点について理解する必要がある。

(c) 非製造業におけるサプライチェーンとリスク

非製造業におけるサプライチェーンでは、情報やサービスなどの、無形のモノの流れに沿っていることが多い。これらの無形のモノについても、加工することで、最終消費者に対する付加価値を付けることができる。

非製造業に関しては、例えば、観光業界について考えてみたい。旅行代理店は川下に位置しており、最終消費者に対して旅行関連の商品を販売している。旅行代理店は、航空会社やホテルなどの運営会社の代理で座席や部屋を販売するか、または、これらの企業から座席や部屋の枠を仕入れて販売する。予め枠を仕入れる場合には、それらを全て販売できない恐れがあり、在庫リスクを負うことになる。旅行代理店は、ツアーやパッケージなど、消費者が使いやすい形に加工して、商品を販売することができる。

航空会社やホテルは、サプライチェーン内における川中に位置すると捉えることができる。座席や部屋といった商品を完成させる役割を担い、快適なフライトや宿泊という、品質に関するリスクを負っている。そして、それらの商品を完成させるために、機械や施設・設備といった原材料を仕入れる必要がある。

ホテル業界についてみると、不動産が重要な原材料の一つになる。良い立地の確保は、ホテル業で成功するうえで非常に重要な要因になる。川上に位置する不動産会社などにとっては、新たに供給できる立地を安定的に確保する必要があり、生産リスクを負っていると捉えることができる。

このように、製造業以外でも、最終消費者に提供するまでのサプライチェーンの流れに沿って、それぞれが負うリスクに関する分析ができる。ただし、企業のサプライチェーン内でのポジションは、分析対象とする業界によって変わる点について留意する必要がある。例えば、不動産業界については、ホテルに施設や不動産を供給する川上としてのポジションではなく、自らが最終消費者に商品を提供することもある。不動産という異なる業界での分析を行う場合には、サプライチェーン内でのポジションの捉え方が変わることになる。

本章では、サプライチェーンの構造やそれぞれのリスクについて理解するために、シンプルな例を挙げてみてきた。しかし、実際には、サプライチェーン内で非常に多くの関係者が関与することがあり、また、より多層的に関わることも多くある。それぞれの企業が負うリスクは、サプライチェーン内での関与の仕方によって異なるものの、いずれの場合でも、企業はリスクを負うことで収益獲得機会を得ているという点は変わらない。

近年では、グローバルにサプライチェーンが組まれていることが多く、リスクがより複雑化している。他国において、例えば、政治的な要因や自然災害などによって、サプライチェーンが分断されるといった出来事も起きている。他国から特定の部品のみを調達する場合であっても、その部品なしでは生産工程全体が止まることに繋がり、企業にとって甚大な影響を与える可能性がある。様々な国の企業によるグローバル事業展開が増えるなかで、サプライチェーンの管理は、企業経営において非常に重要な課題の一つになっている。

最後に、サプライチェーン内の一連のプロセスについて、同一企業（グループ）内で全て関与することもあれば、それぞれ別の企業が関与することもある。この点に関しては、次章において詳細に触れることとする。

第2章　企業戦略とグローバル事業展開

企業のグローバル事業展開について検討するうえで、経営戦略の基本的な考え方についても抑えておく必要がある。そのため、本章では、マイケル・ポーターの「5つの競争要因」や「3つの基本戦略」といった戦略のフレームワークに基づき、業界内の競争環境に影響を与える要因や、企業が取り得る基本的な戦略について触れていく。また、事業拡大の方向性について抑えるため、縦、横、多角化の戦略についても取り上げる。これらの考え方は、特に、第4章の「競合他社の状況」や、第7章の「進出方法」についての論点とも関連する点が多い。

1. 業界内における競争環境

特定の業界内における競争環境は、企業のリスクとリターン（収益）に大きな影響を与える。需要が不安定で、かつ、競合他社が多く存在する競争が厳しい業界であれば、高リスクで低リターンの状況に陥る可能性がある。一方で、安定した需要がある業界で、競争が殆どない独占的なポジションを築いている企業は、低リスクで高リターンの状況を築ける可能性が高い。

業界内の競争環境については、ポーターの5つの競争要因を分析することで説明できると考えられている。5つの競争要因には、特定の業界における「既存企業間の競合」、「供給者の交渉力」、「顧客の交渉力」、「新規参入の脅威」、「代替品・サービスの脅威」が含まれる（図表2－1）。

（1）既存企業間の競合

はじめに、特定の業界において、同程度の規模の競合他社数が多い場合には、競争が厳しくなる傾向にある。特に、業界全体の成長が止まっている場合には、既存のパイの取り合いに陥ることになる。また、業界全体が縮小傾向にあると競争は非常に厳しくなり、単独での存続が難しくなる企業が多く出てくる可能性がある。

既存企業間の競合関係を理解するうえでは、業界内の企業の財務比較を行うことが有効であると考えられる。一般的に、競争が厳しければ、商品価格は下落する。その結果、売上が押し下げられることになり、それに伴い業界内の企業の利益率低下に繋がる。特に、生産設備等を多く抱えていて固定費が多い業界では、短期間でのコスト削減が難しい傾向にある。

図表 2-1：ポーターの 5 つの競争要因

（業界内での競争に影響を与える有力な要因）

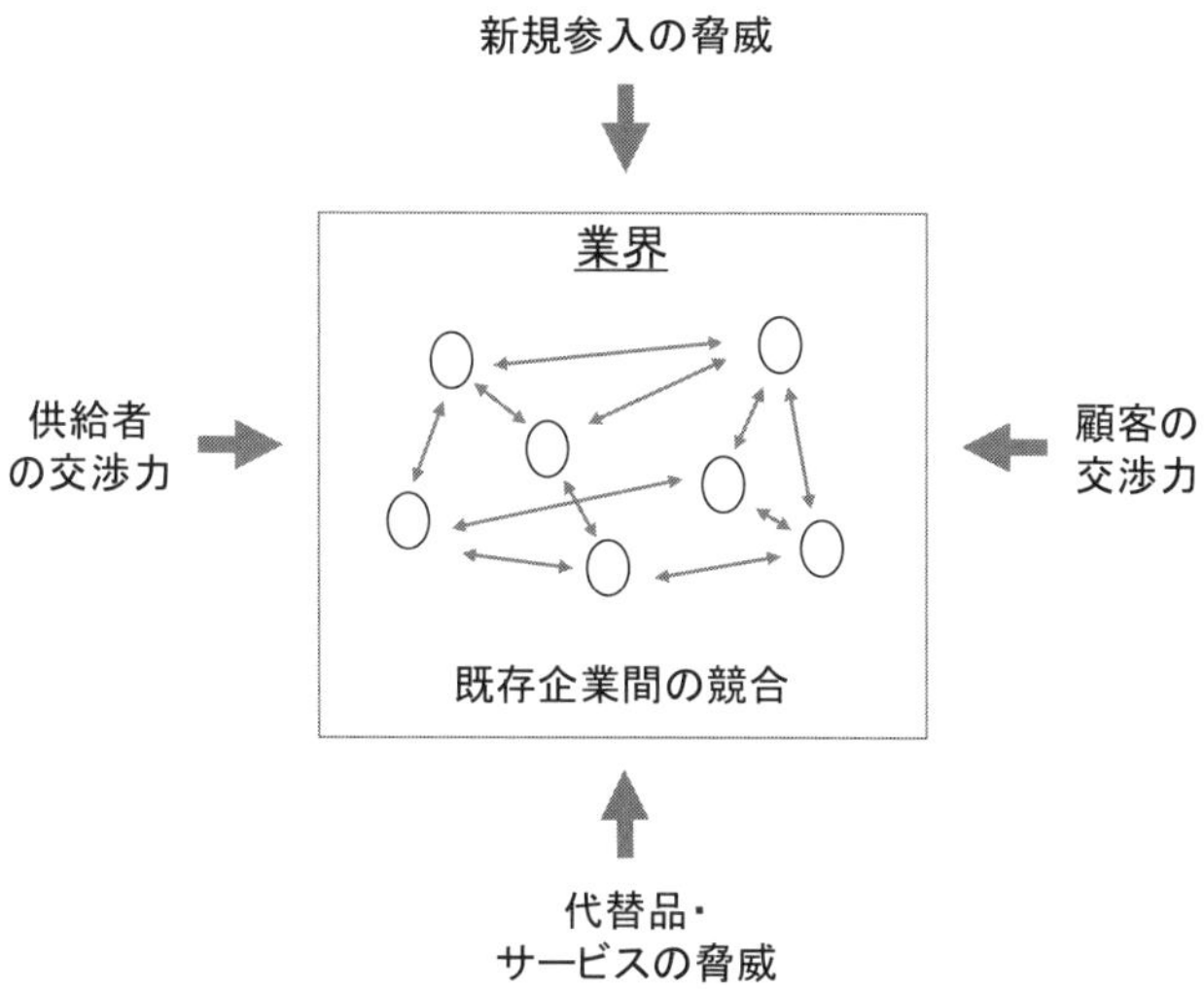

出所：Porter, M.E.（1985）を参考に筆者作成

そのため、業界内での価格競争が厳しくなった場合に、利益の減少に繋がりやすい。

財務的な分析に加えて、業界内の企業が扱う商品の特徴や販売方法などに関する、定性的な分析も求められる。一般的には、企業が扱う商品の類似性が高く、また、販売方法なども似ている場合には、価格競争に陥る可能性が高い。一方で、異なる特徴や販売方法などがある場合で、それらが顧客にとって付加価値として認識されていれば、価格競争が一定程度緩和されると考えられる。そのため、商品の特徴やラインアップに加えて、広告や販売方法など、価格以外の要因に関する分析も重要になる。

業界内における既存企業間の競合関係については、財務分析と定性的な分析を併せて行うことで、より適切に理解することができる。

（2）供給者の交渉力

供給者の交渉力が強い場合には、業界内の企業の仕入価格が上がり、収益性の低下に繋がる恐れがある。そのため、供給者の交渉力の強弱は、業界内の企業の競争環境に影響を与える要因になる。供給者の交渉力の強弱に関しては、①供給者の数、②供給数量、③供給される商品等の品質や特徴、④供給者の供給先企業・業界への依存度など、多くの要素があると考えられる。

例えば、食品業界の例でみると、食品メーカーは、原材料となる食材を仕入れる際に、価格、品質、数量、タイミングなどの条件について、供給者と交渉する必要がある。供給者の交渉力が強い場合には、高い仕入コストを含む厳しい購入条件を受け入れざるを得ない状況に陥る。それらのコストを、顧客への販売価格に転嫁できない場合には、食品メーカーの利益が圧迫されることになる。

供給者の交渉力に関しては、例えば、拘って生産された高品質な食材であり、生産量が限られるなどの点が影響する可能性がある。その食材に対して強い需要がある場合には、食品メーカー間で調達について競うことになり、供給者のポジションが強くなる。特に、その食材がなければ味や食感が大きく低下するなど、代替が効かない場合には、供給者の交渉力は強くなると考えられる。

また、食材の供給量だけではなく、供給者の数という点も交渉力に影響を与える。例えば、特定の地域内で、必要とする食材の供給者が1社に限られる場合には、食品メーカーは、その供給者と交渉せざるを得ない状況に陥る。食材自体については一定の生産量がある場合でも、供給者が少なければ、食品メーカーにとっては仕入価格を下げることが難しい。特に、その分野への参入障壁が高く、供給者が増えない場合には、食品メーカーはその供給者と交渉せざるを得ない状況が続くことになる。逆に、参入障壁が低い場合には、需要があれば供給者が増える可能性が高く、供給者との関係についても変化する。

（3）顧客の交渉力

顧客の交渉力が強い場合には、業界内の企業の販売価格が下がり、収益性の低下に繋がる恐れがある。そのため、顧客の交渉力の強弱についても、業界内の企業の競争環境に影響を与えることになる。顧客の交渉力の強弱に関しては、①顧客の数、②購入数量、③顧客が求める商品の品質や特徴、④顧客による購入先企業・業界への依存度など、多くの要素があると考えられる。

食品業界の例を続けると、食品メーカーは、製造した食品を卸す際に、価格、品質、数量、タイミングなどの条件について、顧客と交渉する必要がある。顧客の交渉力が強い場合には、低い販売価格を含む厳しい販売条件を受け入れざるを得ない状況に陥る。仕入などに関するコスト削減ができない場合には、食品メーカーの利益が圧迫されることになる。

顧客の購入数量や求める品質等については、例えば、顧客が対象としている最終消費者の需要が影響する。食品業界に関しては、スーパーなどの小売店が顧客になり、買い物客が最終消費者になる。より多くの最終消費者を対象としている小売店では、より多くの数量の商品を仕入れる必要がある。食品メーカーは、工場や設備などに投資を行っており、それらの稼働率を上げたいと考えている。そのため、一般的には、より多くの数量を購入する顧客の交渉力は強くなる傾向にある。ただし、数量が食品メーカーの生産能力を超え、他のメーカーからも同様の商品を仕入れることができない場合には､顧客の交渉力は弱まることになる。

また、一般的に、顧客の数が少ない場合にも、顧客の交渉力が強くなる。仮に、一つの小売店が特定の地域で独占的に販売している場合には、食品メーカーにとっては、その小売店と交渉せざるを得ない状況に陥る。新たな販売チャネルが確立されない限り、その小売店を通じて、最終消費者に販売することが求められる。そのため、顧客の数についても、業界内の企業の交渉力に影響を与える要素になると考えられる。

（4）新規参入の脅威

業界内の競争環境について理解するうえで、既存企業間の競合関係に加えて、新規参入による影響についても考慮する必要がある。新規参入の脅威について検討する際には、その業界への参入障壁に関する分析が重要になる。

参入障壁は、例えば、①新規参入を制限する規制やルール、②要求される品質、技術力、ノウハウ、③初期投資等の規模、④流通チャネルへのアクセスの難しさなどの要因が含まれる。これらの要求水準が低いほど、その業界への新規参入が容易になる。新たに競合する企業が現れる可能性が高くなるため、業界内の既存企業にとっては、新規参入の脅威が大きいことになる。

食品業界をみると、規制上は、比較的自由に参入することができると考えられる。一方で、衛星管理を含めた食品の品質に加えて、工場や設備などに一定規模の投資が求められることなどは、参入を抑制する要因になり得る。また、食品業界では、最終消費者にアクセスするための流通チャネルが重要になる。一般的に、新規参入者は、最終消費者に認識されている商品を持たない。そのため、既存企業と比べて、小売店などの流通チャネルへのアクセスが難しい状況にある。

他の業界では、規制があることで、参入すること自体が難しいケースがある。例えば、テレビ局に関しては、参入するためには、国から電波の割り当てを受ける必要がある。そのため、許認可を受け免許を得る必要があり、規制面での参入障壁が高い分野であると捉えられる。

参入障壁については、グローバルな事業展開を図る際にも、重要な検討課題になる。第5章で触れる外国資本規制は、より直接的な参入障壁になると考えられる。また、第6章で触れる対象国の文化や環境的な要因などについても、企業によっては、大きな参入障壁になる可能性がある。それぞれの国の状況を理解したうえで、個々の課題や問題をクリアする形での参入方法に関する検討が必要になる。

（5）代替品・サービスの脅威

特定の業界において代替品・サービスの脅威が大きい場合には、その業界内における競争環境が大きく変わる可能性がある。特に、新素材の活用や、新技術の出現などは、業界内の既存企業にとって、非常に大きな影響を与えることがある。また、環境の変化は、比較的短期間で起こることがあり、既存商品の需要が急減することもある。そのような環境の変化に対応できない場合には、業界内で大きなシェアを持つ大手企業であっても、存続できなくなる事態に繋がる恐れがある。

例えば、テレビ業界では、インターネットの発展によって、代替の脅威を抱えていると考えられる。近年では、ユーチューブのような動画関連サービスが普及し、利用者が増えている状況にある。個人レベルで動画を作成して配信することができるようになり、また、海外の情報などについても容易にアクセスできるようになっている。テレビ業界に関しては、規制といった観点で新規参入の脅威は低いと考えられる一方で、代替品の脅威が増したことで、競争環境がより厳しくなっている状況にあると捉えられる。テレビ業界では、スポンサーからの広告収入を得ているものの、その一部がインターネット等の媒体に流出することで、業界の潜在利益の低下に繋がる恐れがある。

過去には、カメラ・フィルム業界において、代替品の出現によって、実際に競争環境が急変するといったことが起きている。1990年代から2000年代に掛けてデジタル技術が急速に普及したことで、フィルムメーカーには、抜本的な事業転換が求められることとなった。しかし、大手フィルムメーカーの米イーストマン・コダック社は、そのような環境の変化に十分に対応できず、破産法申請に追い込まれている。

ポーターの5つの競争要因では、全ての要因を総合的に勘案することが求められる。一方で、業界によって、各要因の影響力が異なるという点についても抑える必要がある。そのため、それぞれの要因を網羅しつつ、業界や企業によって、より強い影響を与える要因があるという点について理解する必要がある。また、業界の範囲の設定についても重要であり、範囲が広すぎる、または、狭すぎるという点に注意する必要がある。これらの5つの競争要因に関しては、グローバルな事業展開を検討するうえでも重要であり、以降の各章の関連する部分で適宜触れることとする。

2. 競争の優位性

企業が長期的に安定した業績を残すためには、他の企業との競争において、優位なポジションを築くことが求められる。そのような業界内での優位性を築くための戦略として、ポーターは3つの基本戦略を提唱している。基本戦略には、「コスト・リーダーシップ」、「差別化」、「集中」という3つの点が含まれる。

(1) コスト・リーダーシップ戦略

コスト・リーダーシップ戦略では、他の競合他社よりもコストを下げることで、戦略的に優位なポジションを築くことを目指す。様々な対応によってコストを低減させることができれば、消費者に対して、より合理的な価格での商品やサービスの提供が可能になる。それにより、競合他社と比較した際の価格競争力が上がり、業界内での優位性が高まることに繋がる。なお、業界内で一般的なコスト削減方法を採用したのみでは、コスト・リーダーシップは達成されないという点には留意が必要である。

コスト低減を図るうえで、規模を拡大して、スケールメリットを得るという点が取り上げられることが多くある。スケールメリットについて考える際には、相対的なコストについてみる必要がある。例えば、特定の商品を開発するために1億円掛かる場合に、その商品が

図表 2-2：ポーターの 3 つの基本戦略

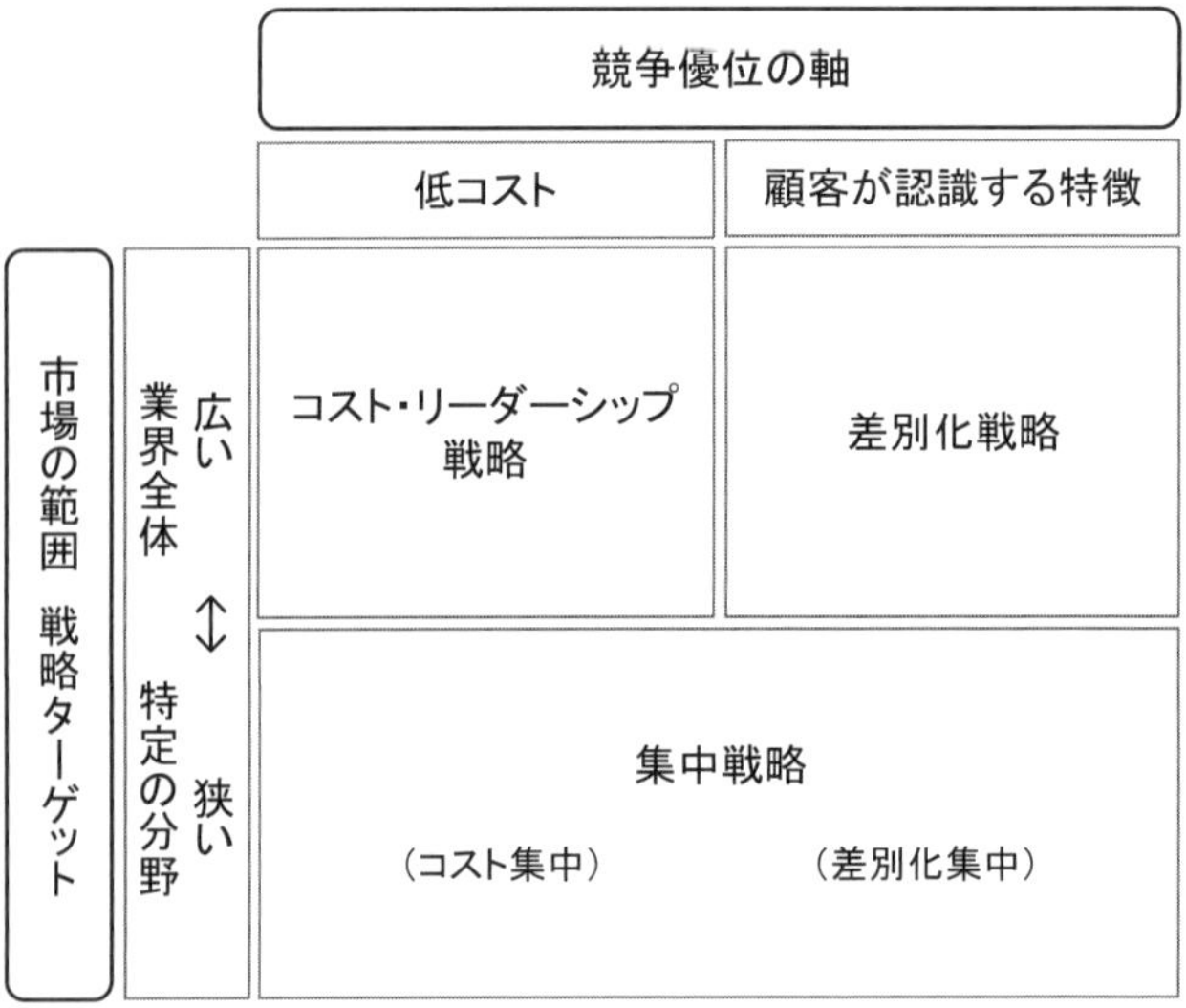

出所：Porter, M.E.（1985）を参考に筆者作成

100個売れれば、商品1つ当たりの開発コストは100万円になる。しかし、商品が1000個売れた場合には、1つ当たりの開発コストは10万円にまで下がる。製造・販売規模が大きくなるほど、1つ当たりの開発コストは低減することになり、スケールメリットが得られる。商品開発以外でも、製造設備、物流、マーケティングに掛かるコストなど、規模拡大によってスケールメリットが得られる分野は多くあると考えられる。

一般的には、特定の分野に絞って事業拡大を図ることで、事業の効率性改善に繋がり、スケールメリットを得られることが多いと考えられている。そのため、複数の異なる分野に経営資源を分散するのではなく、自社が得意な分野に重点的に投入するといった対応が取られることが多くある。他方で、規模が一定水準に達した場合には、スケールメリットが消失して、逆に効率性が低下することもあるという点に注意する必要がある。例えば、特定の事業が大規模になり過ぎることで、管理や調整といった点がより複雑になり、追加的なコストが発生することなどがある。

コスト・リーダーシップは、スケールメリット以外の要因を通じて達成されることもある。例えば、新しい製造方法の導入によって、他社よりも低いコストで製造できるケースがある。必ずしも他社と同様の事業規模がない場合でも、専有する技術によって、より少ない原材料、労働力、時間等での製造が可能になることがある。

技術以外の要因では、他社とは異なる管理方法を構築することで、コスト低減が実現されることがある。加えて、原材料供給者などの外部とのやり取りにおいても、コストを低減させる要因になり得る。例えば、自社の工場に隣接する場所に、大規模な倉庫を構える供給者がいれば、輸送コストの低減に繋がる可能性が高い。必要な時に必要な量の原材料が届けられることになれば、在庫とその管理に掛かるコストの削減や、工程に掛かる時間の短縮にも繋がると考えられる。コスト低減を図る手段は多くあり、複数の要因によって、コスト面での優位性が達成されることもある。それぞれの業界の特徴などによっても、コスト低減の手段は異なると考えられる。

(2) 差別化戦略

差別化戦略では、企業は、顧客からより良いと認識される商品やサービスを提供することで、戦略的に優位なポジションを築くことを目指す。他企業とは異なる付加価値を提供することに重点が置かれ、一般的に、差別化は、よりコストが掛かる戦略であると捉えられる。他企業との単純な違いだけでは、差別化の要因とは捉えられず、顧客から認識され、収益の増加に繋がる価値を提供することが必要になる。差別化戦略については、企業全体としてではなく、個別の事業活動という観点で捉える必要があるとされている。

顧客から認識される価値は、商品自体の品質や性能に加えて、販売方法などを通じて提供されることもある。前者については、使用する素材や原材料に加えて、技術的な要因などが含まれる。また、販売した商品に関する充実したメンテナンス・サービスなども、差別化要因の一つになる。他方で、後者に関しては、顧客にとって利便性が高い販売ネットワークの構築といった点などが挙げられる。例えば、多くの人が容易にアクセスできる立地で販売することや、商品の内容、品質、性能等が伝わりやすいなど、顧客にとって利便性が高いと認識できる方法であることが重要になる。

例えば、食品業界についてみた場合には、高品質な食材や、特別な栽培方法で生産した安全性が高い食材を活用することで、最終的な商品の差別化に繋がる可能性がある。また、従来は、冷凍食品では難しかった味や食感の商品を開発することも、付加価値として認識されることが期待できる。製造した食品を、容易にアクセスできる流通ネットワークを通じて販売することで、最終消費者の利便性が高くなる。これらの品質や販売方法を含めて、他社よりも消費者にとって価値がある商品を提供できれば、業界内において優位なポジションを築くことに繋がる。

分野によって状況は異なるものの、商品やサービスは、他社によってコピーされる恐れがある。そのため、戦略的な優位性を維持することが容易ではないことが多くある。例えば、ヒットした食品の類似品が他メーカーから出される可能性があり、その結果として、シェアが分散することがある。築いた優位性をどのように守るか、または、継続的に新しいアイデアを出せるかいう点などが、差別化における大きな課題になると考えられる。

差別化戦略では、幅広い事業活動に関与することで、付加価値を生むことがある。例えば、食品の原材料について、希望する品質と数量の食材が容易に調達できない場合に、自ら原材料の生産にも取り組むという選択肢がある。また、原材料生産から食品の製造まで一貫して関与することで、販売するうえでのブランディングに繋げることもできる。新たな事業活動に取り組むことで事業の効率性が落ちる可能性が高いと考えられるものの、それに見合う付加価値を得ることで、優位なポジションを築くことに繋がる。

（3）集中戦略

集中戦略では、事業、顧客、または、地域などの観点から、対象を特定の分野だけに集中するといった戦略が実行される。しかし、集中のみでは、優位的なポジションを築くには十分ではないとされている。絞った対象の範囲内で集中的に経営資源を投入したうえで、コストまたは差別化の観点で、業界内での優位性を生み出すことが求められる。

例えば、一部の超高級ブランドでは、特定の富裕層のみを対象とした事業を展開している。そのような顧客層をターゲットにした事業では、単に高級な素材などを活用して、高級な商品を作れば良いということではない。デザインや機能性も含めて、そのブランドの特徴を出して差別化することで、集中戦略を通じた優位性を築くことになる。

また、飲食チェーンでは、特定の地域を対象として、集中的に出店するというケースがある。食材配送の効率化や店舗間での労働力の共有など、容易に移動できる範囲内に限定することで、コスト削減に関するメリットが得られることがある。地理的に対象分野を限定し、その範囲内で最大限効率性を追求することで、集中戦略による優位性を築くことに繋がると考えられる。

集中戦略では、対象分野の設定とそれによるメリットが明確でない場合には、対象分野を限定しない場合と比較して、戦略的な意義が曖昧になる可能性がある。そのため、なぜその対象分野に限定するのかという点に加えて、どのように範囲を設定するかという点に関する十分な検討が求められる。

これら3つの基本戦略についてはトレード・オフの関係にあり、全ての戦略を同時に実行することは難しいとされている。仮に、これらの戦略を同時に実行すれば矛盾が生じるため、全体としての戦略が曖昧になると考えられている。

グローバルな事業展開を行う際にも、基本戦略についての検討は重要である。業界の競争環境や、それぞれの企業が抱えている経営資源なども考慮したうえで、その企業にとってどの戦略が適しているかについての検討が求められる。

3. 企業による縦・横・多角化の戦略

企業が事業拡大を図る際には、3つの方向性がある(図表2-3)。1つ目は、サプライチェーン内において、川上または川下に垂直的に事業を拡大する縦の戦略である。続いて、2つ目は、既存の事業の範囲内で、さらに水平的に事業を拡大する横の戦略である。最後に、3つ目は、既存事業からみた縦や横の動きではなく、新たな事業に取り組む多角化戦略である。縦と横の戦略については、前項で触れた3つの基本戦略との関連性も高い内容であると考えられる。

(1) 縦の戦略

(a) サプライチェーン内における企業間の関係

サプライチェーンは、原材料の供給から、最終消費者に提供するまでの一連のプロセスである。そのため、サプライチェーン内における企業は、最終消費者に対して、安定的に商品

図表 2-3：企業の縦・横・多角化の戦略

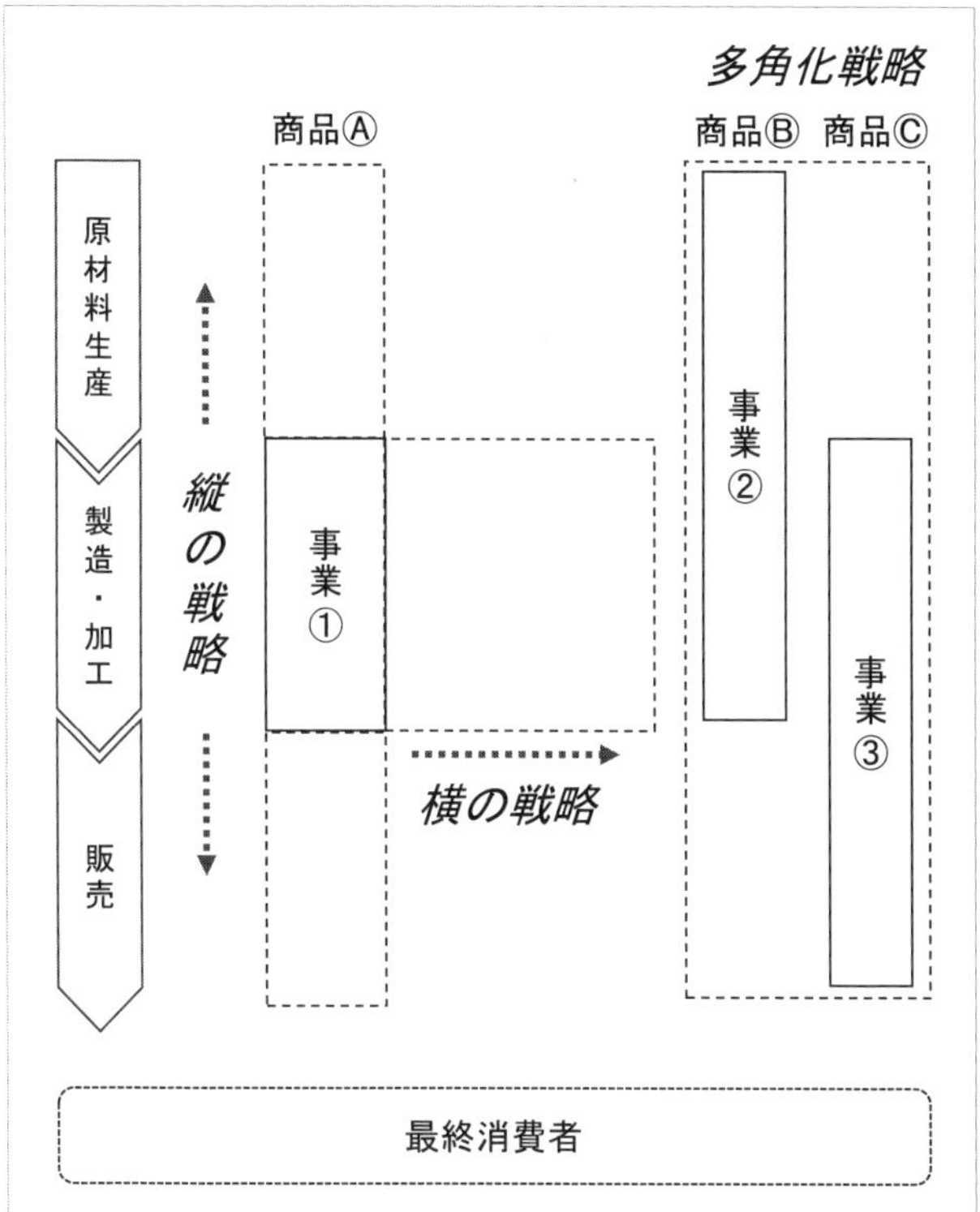

出所：筆者作成

を提供するうえでのパートナーであるといえる。商品販売から得られる利益については、サプライチェーン内の企業間で配分されることになる。一般的に、最終商品をより多く売ることができれば、サプライチェーン全体が潤うことに繋がる。

一方で、これらのサプライチェーン内の企業は、交渉相手でもある。最終的な商品を作るうえで必要となる、各企業が提供する部品や商品には、材料や労働力などに関するコストが発生する。そのため、サプライチェーン内の企業間で利益の配分が行われると共に、最終商品を提供するまでに発生するリスクについても、企業間で分担することになる。各企業は、自社の利益を最大化して、逆にリスクを最小化するために、サプライチェーン内の仕入・販売先と交渉することになる。

例えば、他社の最終商品との競合が激化したことで、自社の商品の最終消費者への販売価格が下落したケースについて考えてみたい。図表2 - 4にあるように、販売を担う企業Aは、仕入価格に転嫁できない限り、同じ数量が売れたとしても、現在の利益水準を維持することができなくなる。そのため、企業Aは、仕入先である企業Bと、仕入価格について交渉する。仮に、企業Aにとっての仕入価格が下がると、今度は、製造を担う企業Bの利益が圧迫されることになる。それを回避するために、企業Bは、原材料を供給する企業Cと、仕入価格を下げる交渉を行う。原材料を供給する企業Cについても、原材料の生産設備の購入を控える

図表 2-4：サプライチェーン内における関係

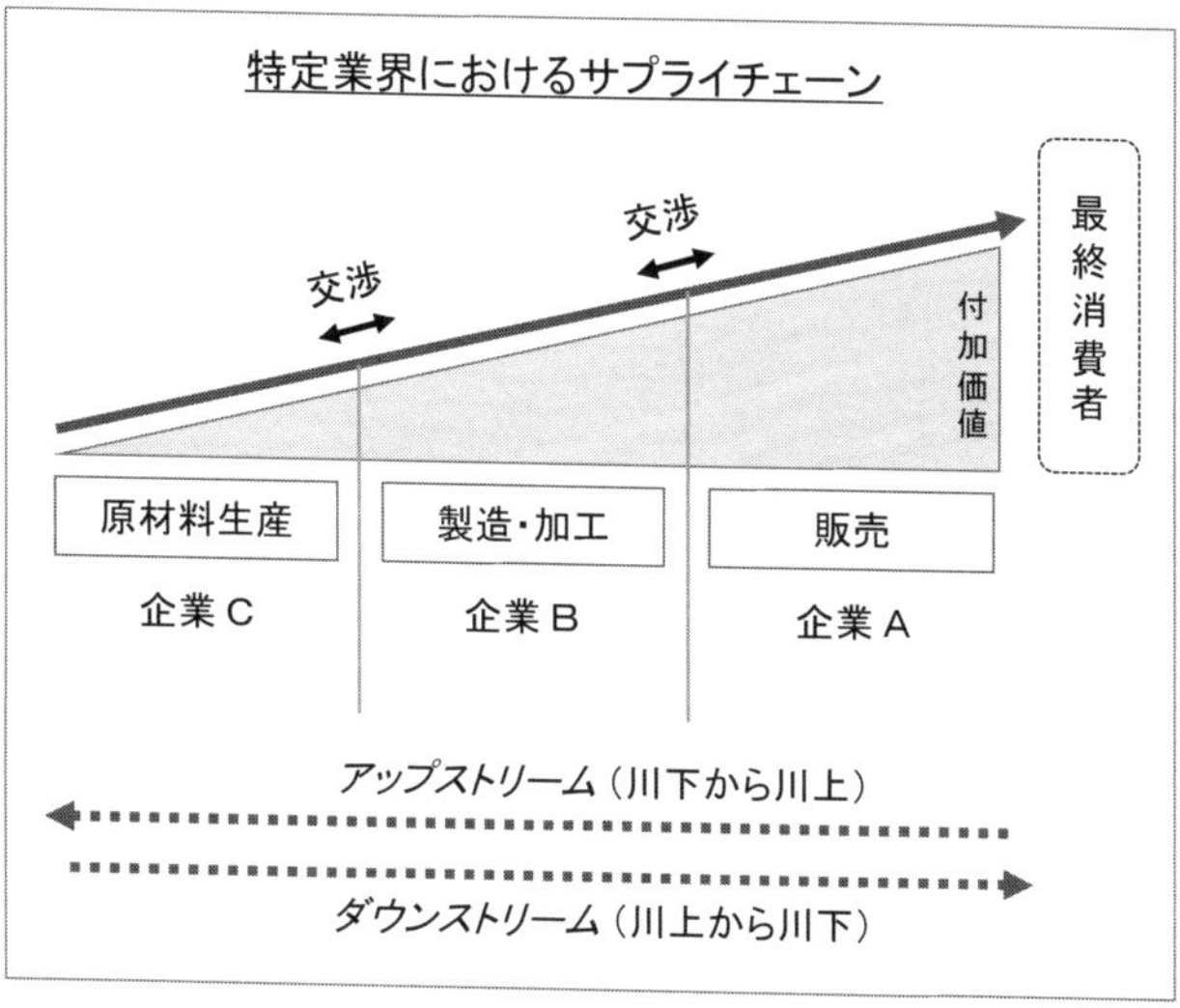

出所：筆者作成

ことや、購入する際に値引きを求めるといった対応を取ることができる。しかし、設備等は長期性の固定資産であることから、頻繁に買い替えるということはない。そのため、最終的には、企業A、B、Cのサプライチェーン内の企業間で、利益減少分の負担の多くを吸収することになる可能性が高い。

当然ながら、利益またはリスクの配分は、逆方向に起きる可能性もある。例えば、企業Cにおいて、生産に掛かる人件費に加えて、水道光熱費などの基礎インフラに関連するコストが上昇したケースについて考えてみたい。増加したコストを販売価格に転嫁できない場合には、企業Cの利益が減少する。そのため、商品製造を担う企業Bと、原材料の販売価格の上昇について交渉することになる。仮に企業Cにとっての販売価格が上昇した場合には、企業Bも、上昇した仕入コストについて、企業Aに転嫁しようとする。最終的に、企業Aが最終消費者への販売価格に転嫁できない限り、利益の減少負担は、サプライチェーン内で吸収することになる。

これらの販売価格の減少やコスト上昇への対応については、主に次の3つの選択肢が考えられる。

① 最終消費者や外部企業に転嫁する

② 最終消費者や外部企業に一部を転嫁するか、全く転嫁できない場合に、サプライチェーン内で負担する分については、企業間で一定程度負担を分け合う

③ 最終消費者や外部企業に一部を転嫁するか、全く転嫁できない場合に、サプライチェーン内で負担する分については、特定の企業が大部分の負担を負う

これらのどの選択肢に近くなるかについては、本章項目1．で取り上げた、ポーターの5

つの競争要因などによる影響を受けることになる。

(b) 縦の戦略のインセンティブ

ここまでは、原材料供給、製造、または、販売といった各プロセスについて、別々の企業が担うことを想定してきた。一方で、企業にとっては、サプライチェーン内で複数のポジションに関与するという選択肢がある。それぞれの業界や企業の状況によっても異なるものの、縦の戦略を実行するインセンティブは多くあると考えられる。なお、図表2-4にあるように、本書では、論点を分かりやすくするために、非常にシンプルなサプライチェーンの形を想定している。しかし、実際には、各プロセス内でも、さらに多層に事業が分かれることが多い。例えば、製造のプロセスでは、最終商品の部品の、さらにその部品の製造を担う企業も多くある。そのようなケースについても、サプライチェーン内における縦の関係にあることを抑えておく必要がある。

前項の3つの基本戦略でも触れたように、企業が業界内の他企業との差別化を図るうえで、縦の戦略は有効な手段になり得ると考えられる。縦の戦略を実行するうえで、企業にとっては様々なインセンティブがある。各企業のインセンティブは、サプライチェーン内におけるポジションによっても異なる。

例えば、製造を担う企業では、原材料に拘ることで最終商品の品質を改善することや、販売方法に拘ることでブランディングを強化するといった、他の企業との差別化を図ることに繋がる可能性がある。そのため、自ら高品質な原材料の生産に取り組むことや、新たな販売チャネルを確立するというインセンティブがあると考えられる。また、販売を担う企業では、最終消費者に近いポジションにあることから、消費者の嗜好を反映した商品開発を試みることもある。原材料を供給する企業では、供給する商品に関する価格決定権が弱い場合に、最終消費者に近いポジションへの拡大を図ることで、より自由に販売価格を決めることができる力を持つことに繋がる可能性がある。

縦の戦略は、多くの企業に共通するインセンティブによって実行されることもある。これらの共通のインセンティブは、例えば、①追加利益の獲得、②リスクの軽減や変換、③取引コストの削減といった点などが含まれる。

はじめに、サプライチェーン内の企業は、取引相手の企業に関する情報を得やすいポジションにいる。実際に商品等の売買を行っており、価格を含めた取引条件に関する情報を継続的に得ている。また、場合によっては、その企業のコストに関する情報についても、一定程度把握していることもある。例えば、既存の事業を拡大するよりも、関連事業を取り込んだ方が安定的な追加利益の獲得に繋がると判断される場合には、対象企業を買収するか、自らその事業に取り組むといった選択肢が検討されることになる。

次に、自社が負うリスクの軽減や変換を図るという観点から、縦の戦略が実行されることもある。サプライチェーン内のポジションによって、負っているリスクは異なる。例えば、高い品質の原材料が安定的に必要な場合に、製造を担う企業が、自ら原材料生産にも取り組む可能性がある。仮に、縦の戦略が実際に実行されることになった場合には、現在抱えている原材料の安定調達に関するリスクは軽減される。一方で、製造している最終商品自体が売れなくなった場合には、製造と原材料生産の両方の事業に関するリスクを抱えることになる。そのため、縦の戦略は、企業がどのような種類のリスクを負いたいと判断するかという、リスクの選択であるといえる。

最後に、縦の戦略を実行するインセンティブとして、取引コストの削減についても挙げられる。サプライチェーン内で、仮に各プロセスを別の企業が担う場合には、価格、品質、数量などの条件についての交渉が必要になる。当然ながら、それぞれの点について、必ずしも希望通りの条件を得られない可能性がある。また、条件の交渉のみならず、実際に合意した内容通りに履行されない可能性もある。契約条件の交渉や、契約関係の維持や管理なども含めたコストが高い場合には、自ら対象事業を取り込むといった選択肢が検討されることになる。

（c）縦の戦略の課題

縦の戦略を実行する様々なインセンティブが存在する一方で、大きな課題もある。第1章でも触れたように、企業が抱える経営資源には限りがあり、その資源をいかに効率的に活用できるかという点は、企業にとって重要な問題である。一般的に、サプライチェーン内で幅広いプロセスに関与することは、多くの経営資源を必要とする。また、経営資源を複数の分野に分散する場合には、資源を集中した時と比べて、効率性が低下することが多いと考えられる。経営資源の非効率な活用に繋がる恐れがあるという点は、縦の戦略を実行するうえでの、最も大きな課題の一つであるといえる。

例えば、商品販売を担う企業が、新たに製造にも取り組むというケースを想定した場合に、多くの経営資源を投入することで、工場用地や製造設備を取得して、生産体制を構築すること自体は実行できる可能性がある。しかし、ここで重要な点は、同様の商品の製造を専門的に行う競合他社と比較して、より効率的、安定的、または、高品質に製造できるかという点である。仮に、同品質の商品を製造できる場合でも、競合他社と比較して非効率であれば、製造単価が高くなる。その場合には、最終消費者に対して価格を転嫁するか、または、同レベルの価格に設定すれば、他社よりも低い利益率を受け入れることに繋がる。

多くのケースでは、同分野に集中して経営資源を投入することで、その分野の経験や専門性が蓄積されると考えられている。そのため、その分野に専門的に取り組む競合他社と比較して、より高い効率性、安定性、または、品質を容易には達成できないケースが多くある。そのような場合には、自ら製造に取り組むのではなく、他社から商品の提供を受けるという選択肢が実行される可能性が高い。縦の戦略を実行するうえでは、このような課題をいかにクリアできるかといった検討が求められる。

縦の戦略を実行することは、業界や商品の特徴にから、より難しいことがある。例えば、最終消費者の立場からすれば、複数メーカーの商品を比べて、購入について検討したいと考えることが多くある。テレビやパソコンといった商品を購入する際にも、幾つかの商品の機能や価格などを比較したうえで、購入について決める消費者が多いといえる。その場合には、メーカーが自社の商品のみを販売するよりも、小売の専門店が複数メーカーの商品を扱う方が、最終消費者のニーズに合うという側面がある。このような業界の特徴なども勘案したうえで、縦の戦略がその業界や企業の状況に適しているかという検討が求められる。

(2) 横の戦略

新たな事業領域に参入するのではなく、既存事業をさらに拡大するという、横の戦略を実行することは多くある。販売を担う企業は店舗や販売スペースを拡大することで、また、製造を担う企業は工場拡大や製造設備の増設することなどを通じて、収益拡大を図ることを試みる。横の戦略は、基本戦略におけるコスト・リーダシップ戦略との関連性が高いと捉えられる。

（a）横の戦略のインセンティブ

一般的に、横の戦略を実行する際には、企業が既にその分野に関する知識や経験を相当程度蓄積していることに加えて、一定の顧客を抱えていることが多い。そのため、さらに販売、製造、または原材料生産というそれぞれの分野で拡大することは、経験がない新たな分野に参入するよりも、比較的判断がしやすいといえる。最終消費者や顧客からの注文が増加している場合には、横の戦略を実行するうえでのインセンティブがより明確である。特に、安定した需要がみえている場合には、拡大に伴い企業が負うリスクについても、比較的抑えることができると考えられる。

また、横の戦略を実行するインセンティブは、スケールメリットの獲得に加えて、事業規模そのものから得られる効果もある。例えば、商品販売を担う小売企業では、販売店舗数を大幅に増やすことで、消費者からの認知度向上に繋がる可能性が高い。また、製造や原材料供給を担う企業では、製造・供給量が増えることで、それまではアクセスが難しかった企業との取引に繋がる可能性もある。

例えば、食品サプライチェーンのケースでみると、食品メーカーに原材料を供給する農産物の生産者は、耕地面積を拡大することで、生産量の増加と生産効率の改善に繋げられると考えられる。耕地面積が小さく生産量が少ない場合には、例えば、集荷・選荷に関する設備や、トラクターなどの大型機械を導入することは、コストの観点で非効率であることが多い。また、生産規模の拡大に伴い生産に関する知識や技術の蓄積が進めば、より効率的な作物の生産に繋がる可能性がある。特に、安定した需要が見えているなかで、横の戦略を実行して耕地面積の拡大を図る場合には、比較的低いリスクで、収益の増加に繋がる。拡大する耕地面積については、分散した農地では作業効率が上がらないことが多い。そのため、隣接する農地を取得して、まとまった農地を確保することで、より生産効率が改善することに繋がる。

また、生産規模が拡大することで、新たな販売チャネルへのアクセスが可能になることもある。例えば、食品メーカーにとっては、多数の小規模な生産者と契約するよりも、一定量供給できる生産者と契約した方が、管理などに掛かる時間や労働力という観点でより効率的である。そのため、横の戦略により生産規模が拡大したことで、新たな販路の開拓に繋がるといった可能性もある。

（b）横の戦略の課題

横の戦略に関する課題は、他の企業への依存度が大きいという点にある。例えば、製造に特化した場合には、商品の販売や、原材料の供給を担うパートナー企業を探す必要がある。しかし、それぞれの企業の戦略と合致しないケースや、期待した通りの対応が取られないこともある。パートナー企業の特定や選択については、不安定で不透明な側面が多くある。

この点に関しては、家電製品を製造する企業の例を挙げて考えてみたい。製造した家電製品については、家電量販店などの小売店を通じて、最終消費者に販売されることが多い。小売店については、他の家電メーカーの製品も扱っていることに加えて、その家電製品以外の商品も多く扱っている。例えば、テレビを卸している場合には、他社のテレビもあれば、冷蔵庫などの他の製品に加えて、店舗によってはお菓子などを扱っている場合もある。そのため、卸している製品の売場面積が期待よりも小さいことや、最終消費者に対して自社の製品が十分にアピールされていないと考えられるケースが出てくる。家電量販店側にとっては、特定メーカーの製品のみを販売したいのではなく、扱っている商品全てでみて、収益を最大化したいと考える。その観点で、売り場の配置や構成などを決めることになる。

製造を担う企業にとって、素材や部品などの供給者についても、期待通りの対応が得られないことがある。例えば、一部の素材や部品について、供給者の生産能力の問題がある。需要が伸び増産を検討する際などに、それらの素材や部品について、必要な量が、必要なタイミングで供給されない可能性がある。また、製造する商品の品質は使用する素材や部品に依存する点もあり、必要な品質が維持されているかは、製造を担う企業にとって大きな課題であるといえる。

これらの点に加えて、家電メーカーは、販売や仕入について、価格面などに関する交渉が必要になる。一般的には、最終消費者への販売が伸びている場合には、サプライチェーン全体にとっての経済的メリットが大きくなる。しかし、これらのパートナー企業はあくまで他社であるため、サプライチェーン内での配分の問題が生じる。

例えば、最終消費者への販売数量が増加すれば、家電メーカーにとっては、小売店に卸す量が増加することになる。小売店側は、購入量の増加を理由に、家電メーカーに対して販売単価の減少を要求する可能性がある。他方で、家電メーカー側にとっても、製造規模拡大に伴い、十分な経済的なメリットを求める。そのため、販売規模と製造規模の拡大について、小売店とメーカーの双方が規模拡大から得られるメリットを要求することになる。この点は、供給者についても同様であり、例えば原材料の供給増加に伴い追加の設備投資などが生じていれば、供給者は、販売単価などについて、新たな条件を要求する可能性がある。企業が横の戦略を実行する場合には、外部企業に依存する部分が大きいために、価格を含む様々な条件についての交渉や調整が必要になる。最終消費者への販売量増加から得られる経済的メリットの配分については、サプライチェーン内の企業間での交渉によって、大きく変わる可能性がある。

最後に、横の戦略では、拡大判断のタイミングが大きな課題になる。需要が増加している場合でも、既に需要がピークに近い可能性があることや、一時的なブームによる需要の可能性もある。例えば、製造設備や販売ネットワークの拡充には、一定規模の投資が必要になる。投資後にブームが終われば、過剰な設備や店舗を抱えることになり、大きな損失を負うリスクがある。一方で、消費者の需要に応えられない期間が続けば、大きな機会損失が発生することに加えて、消費者や顧客の信頼を失うことに繋がる恐れもある。

（3）多角化戦略

（a）多角化戦略のメリット

縦の戦略は、サプライチェーン内において、関連事業領域に拡大することを指している。一方で、多角化戦略は、既存の商品や事業とは直接的には関係がない、新たな事業に取り組むことを指している。

多角化戦略は、企業が抱える一部の技術やノウハウなどを他分野に応用するケースや、機会主義的な考えに基づくケースが多いと捉えられる。既存事業からみた縦や横の動きではなく、将来的に利益が見込めると考えられる分野に、経営資源を投入することになる。既存事業との直接的な関係はないものの、多角化においても、既存事業で築いたリソースを活用することは多い。例えば、それまでに築いた企業のブランド力などを活かして、新たな分野に参入することは多くある。また、幅広い事業や商品を提供することで、相乗的にブランド力を向上することに繋がるケースもあると考えられる。

例えば、電子機器大手のソニーについては、グループ内で銀行や保険といった金融事業も展開している。また、ビール・飲料大手のキリンホールディングスについても、医薬事業にも取り組むなどの、多角化展開を行っている。

企業によっては、既存のコア事業以外で、新たな安定した収益源を確保したいというインセンティブは大きい。特に、事業環境が不安定な場合や、技術の進歩が速い分野では、既存のコア事業が急速に悪化する可能性がある。例えば、先に挙げたカメラ・フィルム業界のケースにおいても、デジタル技術が急速に普及したことで、フィルム需要が比較的短期間で消失するということが起きた。新たな商品等に代替されるリスクが高い状況では、事業のリスクを分散するという観点から、企業にとって多角化を図るメリットがあると考えられる。

（b）多角化戦略の課題

多角化戦略では、経営資源の制約や効率的な活用といった点に大きな課題がある。異なる事業間において、部分的に相乗効果が期待できることもある。しかし、それぞれの事業が独立して展開されているケースが多く、非効率な経営資源の活用に繋がる恐れがある。そのため、多角化戦略を実行するうえでは、経営資源を既存事業に集中した場合と、新規事業に活用した場合の2つの選択肢を比較して、どちらがより効率的な活用方法であるかという点に関する検討が求められる。特に、上場企業では、経営資源の非効率な活用について、株主から指摘されることもある。それらの指摘に対して、多角化戦略を実行する理由について、明確な説明が求められることが多い。非効率と考えられるコア事業以外については、場合によっては売却を迫られるケースもある。

最後に、新規事業を展開する場合には、その分野に専門的に取り組んでいる企業と競合する可能性が高い。そのため、経営資源を集中して事業を展開している競合他社と比較して、より効率的な、または、より付加価値を提供できる事業展開が可能かといった検討が必要になる。

縦、横、多角化のいずれの戦略を実行するかという判断は、その時々の業界の状況や、企業が抱えている経営資源の水準などによっても異なると考えられる。これらの戦略の選択は、企業がどれだけの収益の獲得を目指し、そのために、どのようなリスクを選択するかといった判断でもある。グローバルな事業展開について検討するうえでも、これらの戦略に関する論点が重要になることが多い。

第3章　経済と政治の状況

1．対象国の経済状況

（1）マクロ指標等による初期的な分析

（a）対象国のGDP

対象国での事業展開を検討するうえで、現地の経済状況に関する分析は欠かせない。一般的に、その国の経済規模が大きければ、幅広い経済活動が行われており、潜在的なビジネス機会が多くあるといえる。対象国内でそれぞれの業界の発展状況は異なるため、経済全体に占める各業界の割合などについても抑えておく必要がある。

その国の経済力を示す指標として、一般的に、国内総生産（GDP）の値が参照されることが多い。GDPは、特定の国において、一定期間内に新たに生み出されたモノやサービスの付加価値の額を示している。その国の中で生み出された付加価値であるため、例えば、外国資本の企業が、日本国内で生産したモノやサービスは国内の値に含まれる。一方で、日本企業が海外で生産したモノやサービスについては、日本国内の値には含まれない。また、G

図表 3-1：各国の名目 GDP（2019 年）

	国名	GDP		国名	GDP
1	United States	21,433	26	Belgium	530
2	China	14,402	27	Nigeria	448
3	Japan	5,080	28	Austria	446
4	Germany	3,862	29	Argentina	444
5	India	2,869	30	UAE	421
6	United Kingdom	2,831	31	Norway	403
7	France	2,716	32	Ireland	398
8	Italy	2,001	33	Israel	395
9	Brazil	1,839	34	Philippines	377
10	Canada	1,736	35	Singapore	372
11	Russia	1,702	36	Hong Kong SAR	366
12	Korea	1,647	37	Malaysia	365
13	Spain	1,394	38	South Africa	351
14	Australia	1,387	39	Denmark	347
15	Mexico	1,258	40	Vietnam	330
16	Indonesia	1,120	41	Colombia	324
17	Netherlands	907	42	Bangladesh	303
18	Saudi Arabia	793	43	Egypt	302
19	Turkey	761	44	Chile	282
20	Switzerland	705	45	Pakistan	276
21	Taiwan	611	46	Finland	269
22	Poland	592	47	Czech Republic	251
23	Iran	584	48	Romania	250
24	Thailand	544	49	Portugal	238
25	Sweden	531	50	Peru	231
World Total		87,552	European Union		15,622

単位：10 億ドル　出所：IMF データを基に筆者作成

ＤＰには名目と実質の２つがあり、名目の値から物価変動の影響を除いたものが実質の値である。

例えば、２０１９年時点のＧＤＰの水準をみると、１位の米国と３位の日本では、経済規模におよそ4倍もの差があることが分かる（図表３‐１）。また、米国のみでＥＵ加盟国の合計を超えており、様々な分野で米国が大きな市場になっていることが、ＧＤＰの値から示唆される。また、２０００年以降に経済規模が飛躍的に拡大している中国についても、日本のおよそ２．８倍の規模がある。中国のＧＤＰの水準については、将来的に米国の水準を超えるといった予測も出されている。

（ｂ）対象国の一人当たりＧＤＰ

対象国で事業を展開するうえで、その国の人々にどの程度の購買力があるかという点は重要であり、一人当たりが生み出す富の水準についても一つの指標になる。一人当たりＧＤＰは、ＧＤＰ総額を人口で割った値であり、特定の国において、一定期間内に、一人当たりに新たに生み出されたモノやサービスの付加価値の平均額を示している。そのため、特定の国内における平均的な購買力の水準を推測するうえで、参考にできる一つの指標になると考えられる。

図表 3-2：各国の一人当たり名目 GDP（2019 年）

	国名	一人当たり GDP
1	Luxembourg	115,839
2	Switzerland	82,484
3	Ireland	80,504
4	Macao SAR	79,251
5	Norway	75,294
6	Iceland	67,857
7	United States	65,254
8	Singapore	65,234
9	Qatar	62,919
10	Denmark	59,770
11	Australia	54,348
12	Netherlands	52,646
13	Sweden	51,404
14	Austria	50,380
15	Finland	48,810
16	Hong Kong SAR	48,627
17	San Marino	47,622
18	Germany	46,473
19	Canada	46,272
20	Belgium	46,237
21	Israel	43,603
22	United Kingdom	42,379
23	France	41,897
24	New Zealand	41,667
25	Japan	40,256
26	UAE	39,180
27	The Bahamas	35,664
28	Italy	33,159
29	Puerto Rico	32,595
30	Korea	31,846

	国名	一人当たり GDP
31	Malta	30,374
32	Spain	29,993
33	Brunei	29,314
34	Kuwait	28,500
35	Cyprus	28,049
36	Bahrain	25,998
37	Slovenia	25,992
38	Taiwan	25,873
39	Aruba	25,745
40	Estonia	23,758
41	Czech Republic	23,539
42	Saudi Arabia	23,266
43	Portugal	23,132
44	Greece	19,570
45	Lithuania	19,482
46	Slovak Republic	19,344
47	St. Kitts and Nevis	18,854
48	Oman	18,198
49	Barbados	18,139
50	Latvia	17,772

アジア主要国

67	Malaysia	11,193
69	China	10,287
82	Thailand	7,807
118	Indonesia	4,197
127	Philippines	3,512
129	Vietnam	3,416
146	India	2,098

単位：米ドル　出所：IMF データを基に筆者作成

各国の一人当たりGDPの水準をみると（図表3‐2）、GDP総額でみた場合と比べて、状況が大きく異なることが分かる。例えば、一人当たりGDPでは、ルクセンブルク、スイス、ノルウェーといった、ヨーロッパの国々が上位に位置している。これらの国では、一人当たりの平均でみて、1年間に日本の2倍以上の富を生み出していることになる。また、中東の産油国であるカタールに加えて、アジアでは、シンガポールも上位に位置している。一人当たりが生み出す富の水準が高く、それに伴い平均的な所得の水準が高ければ、特定の商品やサービスにとって有望な市場になる可能性がある。

例えば、一つ100万円を超えるような高級腕時計等の贅沢品について、一人当たりGDPが1万米ドル（約105万円）を下回る国では、その国で平均的な所得を得ている人々が容易に購入できるという想定は難しい。当然ながら、所得税の水準なども含めて、他の複数の要因についてもみる必要がある。しかし、一人当たりGDPは、その国の平均的な人々の購買力を推測するうえでは、有益な情報であるといえる。

GDPでみた世界1位と2位の米国と中国についても、一人当たりGDPの値でみると、状況が大きく異なる。中国では、2019年時点における一人当たりGDPの水準は1万ドル強であり、米国の約6分の1の水準に留まる。米国は、GDPが世界最大であるだけでなく、一人当たりGDPでみても、日本の約1.6倍と非常に高い水準にある。この点からみても、米国では、一般的な商品から贅沢品まで、幅広い商品のニーズがあることが推測される。

一人当たりＧＤＰは、米国やドイツといった主要国に加えて、金融サービスが発展している国や、天然資源の産出国で高くなる傾向がみられる。例えば、ルクセンブルク、スイス、アイルランド、シンガポールなどは、金融業が発展している。また、ノルウェーやカタールなどは、石油やガスといった天然資源の産出国である。

（ｃ）対象国の人口水準

一人当たりＧＤＰで上位に位置する国では、比較的人口が少ないことが多い。例えば、一人当たりＧＤＰの上位１０国のうち、米国以外は、いずれも人口が１千万人を下回っている（図表３－３）。これらの国では、一部の富裕層を対象とした贅沢品などについては一定の需要が見込まれる一方で、一般的な生活必需品など、安価で多く消費される商品については、市場としての魅力度が低いと捉えられる可能性がある。商品によっては、一定の所得水準があれば、人口が多い国の方が市場としての魅力度が高いことも多い。そのため、所得水準は高い一方で人口が少ないといったケースでは、近隣諸国も含めて有力な市場になるかといった検討が求められることがある。例えば、ルクセンブルクやスイスについては、ドイツやフ

図表 3-3：各国の人口（2019 年）

	国名	人口		国名	人口
1	China	1,400.1	31	Argentina	44.9
2	India	1,367.6	32	Algeria	43.4
3	United States	328.5	33	Sudan	43.2
4	Indonesia	266.9	34	Ukraine	41.7
5	Brazil	210.1	35	Uganda	39.8
6	Pakistan	204.7	36	Iraq	39.1
7	Nigeria	201.0	37	Poland	38.0
8	Bangladesh	166.6	38	Canada	37.5
9	Russia	146.7	39	Afghanistan	37.2
10	Mexico	127.6	40	Morocco	35.6
11	Japan	126.2	41	Saudi Arabia	34.1
12	Philippines	107.3	42	Uzbekistan	33.3
13	Egypt	99.3	43	Peru	33.2
14	Congo	97.9	44	Malaysia	32.6
15	Ethiopia	96.6	45	Yemen	31.6
16	Vietnam	96.5	46	Mozambique	31.2
17	Iran	83.3	47	Ghana	30.2
18	Turkey	83.2	48	Angola	30.1
19	Germany	83.1	49	Nepal	28.5
20	Thailand	69.6	50	Venezuela	27.8
21	United Kingdom	66.8		一人当たりGDP上位国	
22	France	64.8	96	Switzerland	8.5
23	Italy	60.4	110	Denmark	5.8
24	South Africa	58.8	111	Singapore	5.7
25	Tanzania	56.3	114	Norway	5.4
26	Myanmar	52.8	117	Ireland	5.0
27	Korea	51.7	135	Qatar	2.8
28	Colombia	50.4	162	Macao SAR	0.7
29	Kenya	47.6	165	Luxembourg	0.6
30	Spain	46.5	173	Iceland	0.4

単位：100 万人　出所：IMF データを基に筆者作成

ランスといった、一定の人口規模があり、GDPが大きい国々に隣接している。特に、国家間でのモノやヒトの移動に厳しい規制が設けられていない場合には、複数国をまとめて、対象市場として検討した方が良いケースもある。

一方で、人口が多い国では、対象国を、複数の市場に分けて考えた方が良いケースもある。例えば、一人当たりGDPでみた場合には、中国は上位には位置していない。しかし、中国の人口はおよそ14億人に上り、絶対数でみた場合に、相当数の富裕層が存在すると考えられる。仮に、10%ほどの富裕層がいると仮定した場合でも、日本の人口を上回る水準の富裕層がいることになる。そのため、特に人口が多い対象国では、富の分布という点についても検討することが求められる。

例えば、所得格差を表す指標として、ジニ係数が参照されることがある。ジニ係数は、0~1の間の数値を取り、値が高いほど格差が大きいことを示している。OECD（Organisation for Economic Co-operation and Development）が公表する値では、米国は0．39（2017年）、日本は0．34（2015年）、中国は0．51（2011年）であり、中国における所得格差が大きいことが示唆されている。そのため、中国ほどの人口が多い国で、かつ、所得格差が非常に大きい国では、特徴が大きく違う、異なる階層の市場が幾つも存在していると捉えることができる。一つの国であっても、例えば、都市と地方などでは、求められる商品やサービスが大きく異なる可能性があることを考慮する必要がある。
最後に、対象市場の人口の状況を理解するうえで、所得の偏りに加えて、デモグラフィーについても抑える必要がある。図表1で示したように、日本では、人口分布に大きな偏りがある。日本のように高齢化が進む状況では、医薬品や高齢者向けサービスなどのニーズが高まると考えられる。この点は、今後高齢化が急速に進むことが見込まれている中国などでも、同様のことがいえる。他方で、インドやベトナムといった新興国では、若年層人口が多い。そのため、一人当たりGDPが一定水準に到達すれば、今後、教育、レジャー、ゲーム等の分野のニーズがより高まる可能性があるといえる。

これらGDP、一人当たりGDP、または、人口水準といった指標について初期的な分析を行うことで、対象市場に関する理解を深めることができる。各指標については、どれか一つをみれば良いということではなく、全ての指標を総合的に勘案する必要がある。また、特定の国の値のみではなく、他国の水準と比較して検討することで、その国の特徴についてより深く理解することができる。これらのマクロな観点での初期的な分析を行ったうえで、対象国内における各業界の状況について、詳細な分析を進めることが求められる。

（2）為替変動の影響

為替の変動は、グローバルに事業展開する企業に大きな影響を与える。第1章の企業経営に関する前提で説明したように、企業はリスクを負うことでリターンを得ている。グローバルな事業展開を進めれば、従来負っていた事業上のリスクに加えて、為替変動に関するリスクも負うことになる。特に、政治や経済の状況が不安定である新興国などにおいては、急激に為替が変動することもある。為替レートは、各国の中央銀行による政策金利の方針によっても影響を受けることが多い。

為替の影響に関しては、プラスとマイナスの両方の側面があり、大きく2つの種類に分けることができる。1つ目は、輸出入の取引における影響であり、2つ目は、換算における影響である。

（a）取引における影響

取引における為替の影響は、国内で作ったモノを海外に輸出するか、または、海外で作ったモノを国内に輸入する際などに、異なる通貨を交換することで生じる。一般的に、国際的な取引では、米ドル、ユーロ、日本円といった主要通貨が決済に使用されることが多い。例えば、国際決済銀行（Bank for International Settlements）が2019年4月に実施した調査では、同月の世界の1日当たりの平均的な通貨取引のなかで、米ドルに関する取引が約44%、ユーロが約16%、日本円が約8%を占めている。これらの3つの主要通貨だけで、世界全体の為替取引の7割弱を占めていることになる。

仮に、特定の取引において、自国の通貨を決済に用いる場合には、取引における直接的な為替の影響は生じないことになる。例えば、日本国内の企業間におけるやり取りにおいても、日本円で売買される場合には、当然ながら当該取引において為替変動による影響は発生しない。ただし、仮に決済通貨を日本円にした場合でも、一定程度の為替変動が起きていれば、海外で生産されたモノの価格自体に、為替変動の影響が反映されている可能性があることには留意する必要がある。

国際的な取引における為替変動の影響について、例えば、日本国内で生産した自動車を、米国で販売するケースについて考えてみたい。日本から輸出する場合には、円が安く、ドルが高い状態の方が、円ベースでみた受け取り額が大きくなる。図表3‐4で示すように、例えば、一台当たり3万米ドルで米国内において販売する場合には、為替レートが1ドル110円と90円では、円ベースでの受け取り額に60万円もの差が出ることになる。同じ車を販売しているにも拘わらず、為替水準によって、日本円ベースでみた収益が大幅に異なる結果になる。

図表 3-4：取引における為替変動の影響

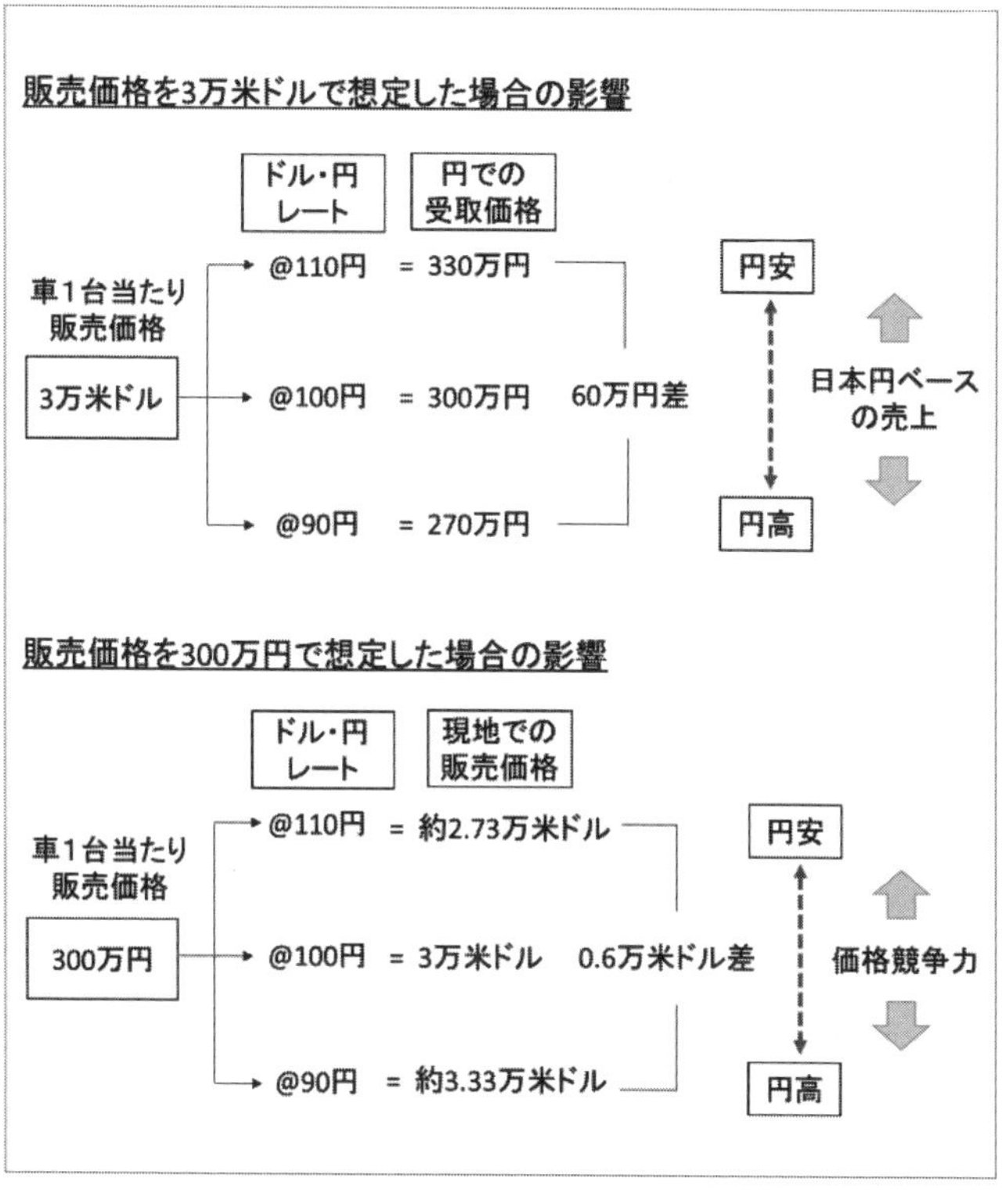

出所：筆者作成

一方で、日本円ベースで販売価格を設定した場合には、現地での商品の価格競争力という点での影響がある。例えば、日本での製造コストなどの観点から、最終的に日本円で３００万円を受け取ることができれば、十分な利益が確保できるケースを想定したい。為替レートを基に現地での販売価格を割り出すと、１ドル１１０円であれば、約２．７３万米ドルで販売することができる。他方で、一ドル９０円であれば約３．３３万米ドルでの販売が必要になる。円安になれば、現地通貨ベースで、より消費者にとって魅力的な価格で商品を提供できることになる。そのため、現地の同業他社の商品と比較して、より価格競争力が高くなることに繋がる。

海外から輸入する場合には、ここで挙げた例とは逆のことが起こり、円高のメリットが大きくなる。自国通貨である日本円が強い方が、海外からより多くのモノを購入することができる。為替変動が輸出入における収益に与える影響は大きく、ターゲットとする市場や、生産拠点としての魅力度という点にも影響すると考えられる。

（b）換算による影響

企業によっては、商品を現地で生産して、現地で販売するケースがある。その場合には、収益と費用のいずれも現地通貨ベースで発生することになり、為替変動の影響が相殺される

図表 3-5：取引による為替変動の影響

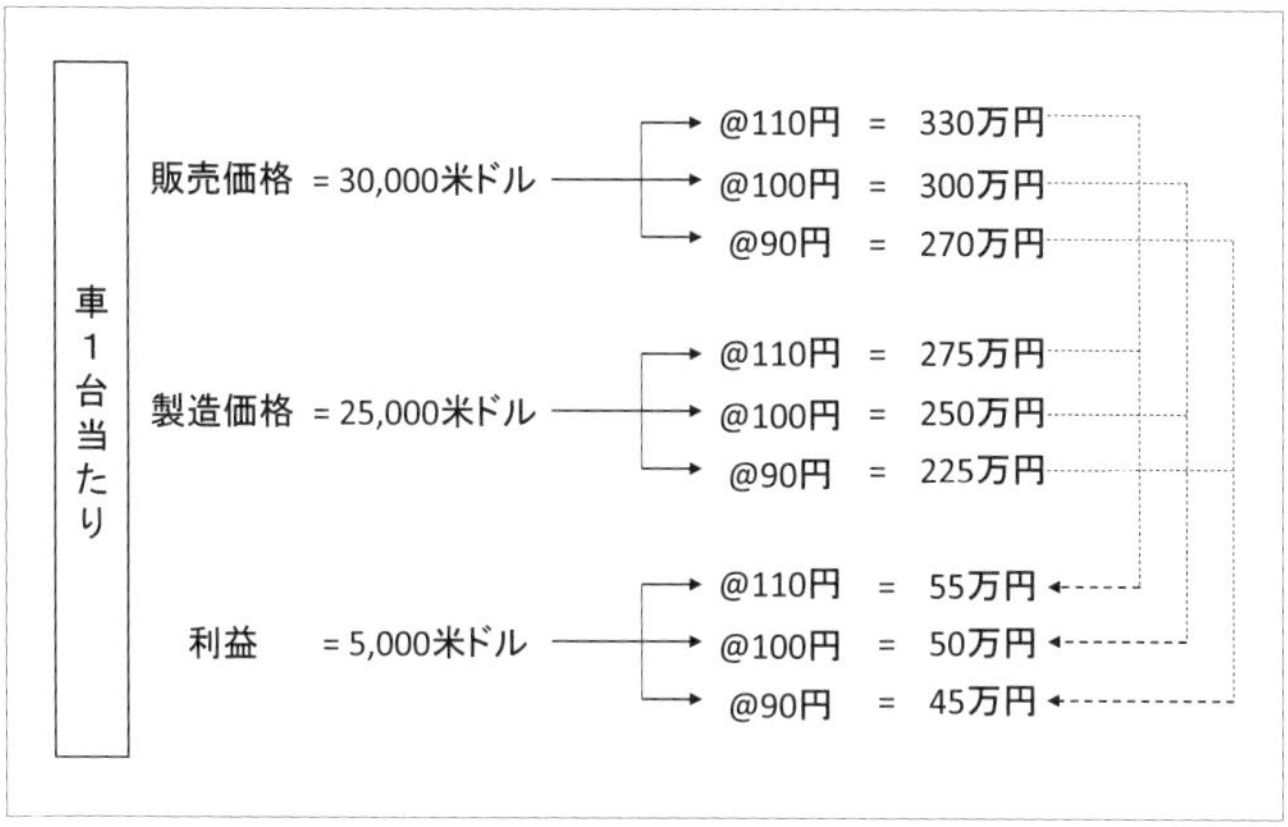

出所：筆者作成

ことになる。しかし、為替の影響が全てなくなるのではなく、販売価格から費用を引いた、損益に係る部分の換算についての影響が生じる。

再び自動車の例で、販売と製造に関する価格のみを考慮した、シンプルなケースについて考えてみたい。図表３‐５に示しているように、車１台当たりの販売価格が３万ドルで、製造コストが２・５万ドルである場合には、現地通貨ベースの利益が５千ドルになる。仮に、為替レートが１ドル１００円から９０円に変動した場合には、日本円でみた売上高は、３０万円の減少になる。一方で、製造に掛かった費用についても、日本円でみて２５０万円から２５万円減少して、２２５万円になる。円高によって売上と費用の両方が減少するため、売上減少の影響は、費用の減少によって相殺される。ただし、損益の部分については為替の影響が残り、1ドル100円では50万円の利益が見込めたものの、1ドル90円では45万円まで減少する。

先程の日本で製造して輸出するケースと同様に、日本企業の観点からは、円安に振れた方が利益は上がり、逆に円高に振れた方が利益は下がることになる。ただし、製造を日本で行いアメリカに輸出する場合と比べると、為替変動による影響は小さくなる。なお、現地で生産して販売する場合には、直ちに日本円と米ドルの交換が起こるわけではない。しかし、決算の際に日本円ベースで報告する場合には、現地での取引を日本円に換算する必要がある。そのため、現地で生産して販売する場合にも、為替の換算による影響が発生することを理解しておく必要がある。

ここでは、基本的な考え方について抑えるために、2国間でのシンプルなケースを想定している。しかし、実際には、幾つもの国の通貨の影響について考慮しなければならないことが多くある。特に、自動車のように多くの部品を使用する場合には、複数の国で部品が製造されていることが多い。

企業がグローバルに事業を展開するうえで、為替変動による影響を完全に無くすことはできない。どこから部品を調達するか、どこに生産拠点を設けるか、または、どの市場に対して商品を投入するかといった判断を行う際には、為替変動の影響が発生するという点については抑えておく必要がある。また、為替変動による影響についての検討は、継続的に行うことが求められる。例えば、直近では、主要自動車メーカーの1社であるマツダは、タイ・バーツ高の状況を受けて、生産の一部を日本国内に移転することが報じられている。

2. 政治的状況の変化

政治的な環境が安定していることは、対象国で事業を展開するうえで、非常に重要な要因である。ルールが頻繁に、または、大幅に変更される場合には、企業にとっては、その都度そのような変更に対応することが求められる。それには多くのコストが掛かることがあり、企業経営に大きな影響を与える可能性がある。

近年、様々な国でみられる政治的な変化や政策変更は、事業活動や経営判断を難しくしている。政治的な変化等に伴い発生する影響については、企業にとって予測することが非常に困難である。また、仮に予測できた場合にも、対応するには相当な時間、労力、または、コストが掛かる。本項では、近年みられる変化などを基に、政治的な環境が事業展開に与える影響についてみていく。

（1）国家間での貿易戦争等

（a）米中間での貿易戦争による影響

２０１７年１月の米国におけるトランプ政権の誕生と、その後の政策について、事前に正確に予測することは容易ではなかったといえる。米国では、中国に対する大きな貿易赤字を抱えている状況にあった。しかし、関税の大幅引き上げといった対応が具体的に取られることについては、企業にとって予測することが困難であったといえる。

日米を含む先進国の企業では、コストを抑えるといった観点などから、中国に生産拠点を設けているケースが多くある。通常は、工場などは長期的に活用することを前提としており、設備投資は、企業にとっては長期的な観点での意思決定になる。そのため、関税が大幅に上げられるといった影響を完全に回避するためには、企業が何年も前に設備投資を行う段階で、それが起きることを予測する必要があったといえる。また、仮に関税の引き上げがある程度予測ができた場合にも、既に設備投資を行っている企業にとっては、それに向けた対応を取ることが容易ではない。

米国と中国の間での貿易戦争は、直接の当事者である両国以外の企業にも、大きな影響を与えている。例えば、日本の企業についても、中国の生産拠点から米国に輸出するケースがある。そのため、関税が引き上げられることで、日本企業についても直接的な影響を受けるケースがある。

例えば、特定の商品に１０％、２５％といった追加的な関税が課され、それを消費者への価格に転嫁することになれば、その商品の価格競争力の低下に繋がる恐れがある。例えば、他の生産拠点で製造されている、他社の商品等と比べて価格面で不利になる可能性が高くなる。一方で、関税の上昇分を消費者への販売価格に転嫁できない場合には、企業にとって追加コストとして負担を負うことになり、利益の減少に繋がる。

仮に、企業が設備投資を行う時点で、当事国の間で高い関税が掛かることが分かっていれば、生産拠点として他の国を検討するという選択肢がある。そのため、企業にとっての問題は、政治的な状況が不安定であり、ルールが大きく、または、頻繁に変わってしまうことにある。関税については、各当事国間の関係や協議によって、状況が大きく変わることがある。問題が数か月で解決することもあれば、先を見通すことができず、何年もの時間を要する可能性もある。企業にとっては、それらの結論が出るまで長期的に待つという対応も難しく、特定の時点で判断することが求められることになる。頻繁にルール変更があるほど判断が難しくなり、投資などに関する損失が発生するリスクを負うことになる。

米国と中国の両国間での争いが継続し、近い将来に解決されないと予測される場合には、企業は、生産拠点を他国に移すという選択肢の検討が必要になる。しかし、生産拠点を移転させるにも、相当の時間やコストが発生する。例えば、既に他国にも工場がある場合には、比較的早く、生産の一部を移転できる可能性がある。しかし、一から始める場合には、新たに適した立地を確保する所から始める必要があり、また、部品や原材料の調達に加えて、製造した商品の輸出など、新たな物流ネットワークの構築なども必要になる。十分な従業員の確保や、それらの従業員のトレーニングも必要になり、完全な生産体制を再構築するまでには、多くの時間とコストを要することになる。加えて、既存の工場を閉鎖することになれば、撤退に関するコストも発生する。そこで働いていた従業員の職が失われることになり、国によってルール等は異なるものの、一般的には退職金等の手当ての支払いなども必要になる。業種によっては、使用していた施設や設備の廃棄にも、大きなコストが発生することになる。

米中間における貿易戦争が実際に長引いているなかで、既に中国から一部の生産活動を他国に移す日本企業が出ている。例えば、複合機を製造するリコーは、米国向けの生産をタイに移管している。リコーは既にタイに工場を有していたことから、比較的短期間で移管できたケースであると考えられる。また、ランニングシューズなどを販売するアシックスに加えて、ゲーム機やゲームソフトを扱う任天堂についても、生産の一部をベトナムに移転したことが報じられている。任天堂については、主要な部品の製造や製品への組立てを、電子機器の受託生産を行う外部企業に委託している。そのような外部委託を行っている場合にも、独自の工場を持っている場合と比べて、ルール変更などへの対応が比較的しやすいと考えられる。

国家間での貿易戦争が起きた場合に、それぞれの企業や業界によって、影響や対応方法は異なると考えられる。他の既存工場への生産移管や、委託先の変更などの対応も選択肢として考えられる。一方で、これらの選択肢がないケースもあり、そのような場合には、工場の閉鎖と移転など、より長期的な観点での対応が必要になる。

一般的には、生産拠点などについては、集中した方がスケールメリットを得やすいと考えられる。一方で、貿易戦争を含む政治的なリスクを考慮すれば、複数に拠点を設けることで、リスク分散を図るという選択肢もある。企業にとっては、業界の特徴なども踏まえたうえで、集中と分散、または、独自生産か委託かといった選択肢を検討し、どのリスクを選択するかという判断が必要になる。

（b）イギリスのＥＵ離脱問題

２０１６年の国民投票によって、イギリスのＥＵからの離脱が決定している。２０２０年

1月をもって正式に離脱した一方で、2020年の年末までは、移行期間が設けられている。その間にEUとの通商交渉を続けることになっており、今後のモノやヒトの行き来に関するルールについては、現時点では確定していない。イギリス・EU間の交渉次第では、イギリスに拠点を置く外国企業にとっても、大きな影響が出る可能性がある。

一般的な貿易協定は、国家間での関税を下げるか撤廃することで、モノがより自由に動くようになり、経済を活性化させることを目的としている。一方で、EUはより踏み込んだ連合体であり、加盟国間でヒトも自由に行き来できることに加えて、多くの面でルールの統一化が図られている。そのため、イギリスのEUからの離脱は、通常の貿易協定からの離脱と比べて、より大きな影響が出ることが想定される。

例えば、ロンドンは世界有数の金融センターであり、多くの金融機関の拠点がある。EU加盟国に加えて、リヒテンシュタイン、ノルウェー、アイスランドを含む欧州経済領域（EEA）では、シングル・パスポート・ライツというルールが適用されている。域内の一つの国で免許を取得した金融機関は、域内における他国でも営業することが認められている。

しかし、今後イギリスに対して同ルールが適用されなくなれば、企業にとっては、欧州における事業の統括方法に影響が出ることになる。EU域内での事業については、EEA内の他国での統括が必要になると見込まれている。そのため、日本の主要な金融機関についても、離脱決定後に、既に他国で免許を取得するという対応を取っている。例えば、三井住友フィナンシャルグループ（三井住友ＦＧ）はドイツのフランクフルトに、また、三菱ＵＦＪフィナンシャル・グループ（三菱ＵＦＪＦＧ）はオランダのアムステルダムに欧州統括拠点を移している。

他方で、多くの企業にとっては、イギリスでの事業も継続することになる。そのため、イギリスでの事業については、引き続きロンドンを中心として統括していくことが見込まれる。その場合には、例えば、イギリスとＥＵ域内におけるオフィス利用や人材の配置をどうするかという問題があり、事業運営がより非効率になる可能性がある。それぞれ一定規模の拠点を構えることになれば、各拠点で重複する機能や役割が生まれ、賃料や人件費など、追加的なコストの発生に繋がる恐れがある。

製造業においても、イギリスに拠点を設けている企業は、影響を受ける可能性が高いと考えられる。例えば、日本企業では、トヨタ自動車の欧州向けの車種である、オーリスの生産拠点がある。ＥＵからの離脱によって欧州各国への輸出に関税が掛けられることになれば、関税分を販売価格に上乗せして消費者に転嫁するか、または、コスト増として負担する必要がある。前者であれば、他社商品と比較して価格競争力の低下に繋がる恐れがあり、後者であれば、コストの増加による利益の減少に繋がることになる。

製造業では、販売面のみならず、部品調達でも影響が出る可能性が高い。ＥＵ域内から必要な原材料や部品を仕入れる際に、輸入に関する手続き等が必要になれば、生産工程全体に掛かる時間の増加に繋がる恐れがある。部品や商品をより長く手元に置くことになれば、追加的な在庫を抱えることになり、それを保管する場所も必要になる。また、保管する時間が長くなれば、パーツの破損や、規格変更等による未使用品の発生といった点にも繋がることが想定される。そのため、企業は、必要な物を、必要な時に、必要な分だけ仕入れることで、生産の効率化を図っている。ＥＵからの離脱によって、仕入れが長期化、または、不安定化すれば、生産体制の見直しという点に繋がる可能性もある。

イギリスのＥＵからの離脱は、生産拠点がある企業にとって、仕入と販売の両面において影響を受ける可能性がある。企業は、これらの影響と、生産拠点を他の立地に移す場合に生じるコストなどを比較して、拠点を残すか、または、移転するかといった選択肢についての検討が必要になる。

イギリスのＥＵからの離脱といったような大きな政治的な変化は、必ずしも頻繁に起こるわけではない。しかし、一度このような大きな変化が起きれば、企業にとっての影響が大きくなることが想定される。前項でも触れたように、設備投資などは、長期的な観点で意思決定されるものであり、これらのリスクを完全に回避することは難しいケースが多い。

ＥＵでは、２０１０年頃には、複数の加盟国での過剰債務問題も起きている。イギリスのＥＵ離脱という問題も加わり、従来までの体制の維持や運営が難しくなる可能性もある。そのため、ＥＵを対象市場や生産拠点としている企業にとっては、長期的な観点でみたリスクの選択に関する検討が求められる状況にある。

（２）政治的対立や強制収用等のリスク

これまでに触れたように、貿易戦争や協定などからの離脱に関するリスクは、先進国においてもみられる。一方で、発展途上の国や、共産・社会主義的なイデオロギーを持つ国々でより多くみられる傾向のある政治的リスクも存在する。対象国で事業展開するうえでは、政治的要因による不買運動、資産の強制収用等、テロや戦争などの紛争に関するリスクが存在することについても抑えておく必要がある。

（ａ）政治的要因による不買運動

国家間での政治的な争いが生じた場合や、他国の政治的な対応への不満から、特定国の企業に対する商品不買運動が起きることがある。政治的要因による不買運動は、個人的な嗜好で特定の商品を買わないということとは異なり、一定の期間に、集団で購入を控える動きであると捉えることができる。一般的には、対象とする国における、象徴的なブランドや商品がターゲットになる傾向にある。

日本企業に関するケースでは、2012年9月に、日本政府が尖閣諸島を国有化したことを背景に、中国で大規模な反日デモや、日本関連商品の不買運動が起きている。日系の小売店での商品購入を控える動きや、街中を走る日本車が破壊されるといった事件まで起きている。また、2019年には、韓国においても、日本企業に対する商品不買運動が起きていることアサヒビールやユニクロといった、広く認知されている商品がターゲットにされていることに加えて、自動車メーカーの販売台数が落ちたことなども報じられている。

これらの不買運動については、個別企業で解決することが難しいケースも多い。しかし、それが生じた背景について理解したうえで、どの程度長期化することが見込まれるかといった検討が必要になる。

不買運動が起きた場合には、当然ながら、企業にとっては、販売不振に陥るといった影響が出る。しかし、不買運動が起きている国の経済への負の影響もあり、不買運動は、比較的一時的なものになることが多い傾向にある。例えば、食品や衣類について、一般的には、それを販売している店員や、現地の流通に関わる労働者については、現地で雇用された従業員であることが多い。また、現地で商品を製造している場合には、工場の従業員の大部分が現地人であることが多く、現地経済への影響が大きくなる。

仮に、対象市場で問題が繰り返されている場合や、問題が長期化する傾向がみられる場合には、対象市場の重要性なども踏まえたうえで、その後の事業展開方法に関する検討が求められる。例えば、長期性の資産への投資を控えることや、独自展開ではなく、主に現地企業への業務委託などを通じて、対象市場で展開するといった選択肢についての検討が必要になる。

（b）強制収用等の特殊なリスク

対象国において、特定業種に関連する資産を国の管轄下に置くなどの理由から、外国企業の資産が強制収用（Expropriation）されるといったケースがある。このような強制収用等に関するリスクは、例えば、資源・エネルギーの分野でみられることがある。

中米ベネズエラでは、米国コノコ・フィリップスの石油関連資産が、強制的に収用されたケースがある。本件については、後に国際商業会議所（ＩＣＣ）と投資紛争解決国際センター（ＩＣＳＩＤ）によって、それぞれ約２０億ドルと８０億ドルの支払いに関する裁定が出されている。その後、ＩＣＣの裁定に対応する形で、コノコ・フィリップスとベネズエラ国営石油会社との間で、支払いに関する合意に至った旨の発表が出されている。当該ケースのように、資産の収用に伴い、一定の金銭的補償がされる場合がある。しかし、事業を成立させるまでの投資や労力に加えて、事業を継続していた場合に得られていた逸失利益に対して、十分な補償が行われない可能性がある。また、このような紛争の解決には、相当な時間とコストが掛かることが想定される。

日本企業が関連する案件では、ロシアでのＬＮＧ（液化天然ガス）プロジェクトにおいて、三菱商事と三井物産の持分割合が引き下げられたケースがある。当初、ロイヤル・ダッチ・シェルが主導権を持ち、両社と共に開発を進めていた。しかし、後に、ロシアのガスプロム社が、当事業の運営会社の持分の過半数を取得して、事業の主導権を握るといったことが起きている。ガスプロム社は、ロシア政府が株式の過半数を有しており、国の影響力が強く及んでいると考えられる。ガスプロム社による当事業の持分取得については、一定の対価が支払われている一方で、３社の持分が当初の半分まで下げられ、事業の主導権が失われるという結果になっている。

これらのケースは、いずれも豊富な天然資源を有している国におけるプロジェクトである。欧米や日本などの、技術力やノウハウを持った企業が関与しており、一定程度事業が確立された後に、これらの事態が起きている。このようなプロジェクトに関連して対象国への進出を検討する場合には、強制収用等の特殊なリスクが存在するという点について抑えておく必要がある。

（c）テロや戦争といった紛争に関するリスク

対象国や地域において、テロや戦争が起こることで治安が不安定になれば、安定的に事業を行うこと自体が困難になることがある。実際に物理的な攻撃を受けるリスクもあり、企業にとっては、大きな損失が生じる可能性がある。

例えば、１９９１年には、イラクがクウェートに侵攻したことを受けて、多国籍軍がイラクに対して軍事行動を取り、湾岸戦争が起きている。また、２００３年には、米英を中心とした国々により、イラクに対する軍事作戦が展開されている。さらに、２０１９年には、トルコがシリア北部で軍事作戦を展開するなど、中東地域では、しばしば武力紛争が起きている。

中東における治安が不安定である一方で、同地域には、石油やガスなどの天然資源の産出国が多くある。そのため、エネルギー関連の企業が拠点を設けており、日本企業についても、エネルギー関連企業等が事業を展開している。仮に、武力によってオフィスや設備などに物理的な打撃を受けることがあれば、事業が完全に中断する恐れがある。また、直接的な打撃を回避した場合でも、地域情勢が不安定になることで、原油相場などに大きな影響を与えることになる。

近年では、国家間による紛争のみならず、武装集団による襲撃事件なども起きている。2013年には、北アフリカに位置するアルジェリアにおいて、日系エンジニアリング会社が関与するプラントで、武装勢力による襲撃を受けるという事件が起きている。加えて、洋上での輸送中の事件もあり、2011年には、日系企業が運航するタンカーが、アフリカのソマリア沖で襲撃を受けている。

これらの事件は、一定程度の頻度で起きている。そのため、事業を展開する国や地域によっては、武力紛争等についても、企業にとって現実的なリスクであることを認識しておく必要がある。

(3) 政治的リスクへの対応

これらの政治的なリスクは、個別企業レベルで完全に回避することは難しいことが多いと考えられる。しかし、企業は、これらのリスクが現実的に存在することについて、十分に認識することが必要である。そのうえで、事前と事後の対応について検討することで、リスクの軽減を図ることに繋がる。リスク軽減を図るには、①リスクの集中・分散と許容限度の設定、②進出方法、③管理・運営体制といった点などに関する検討が必要になる。

はじめに、対象国への進出について検討する際には、リスクの集中・分散について考える必要がある。この点は、リスクの選択と事業の効率性という点に関する検討でもある。一般的には、経営資源を集中的に投入すれば効率性が上がることが多い傾向にあり、分散させると効率性の低下に繋がる。一方で、経営資源を集中すれば、本章で取り上げたような政治的リスクによる影響が大きくなり、分散すればリスクは軽減される傾向にある。これらは、トレード・オフの関係にあることが多いと考えられる。

例えば、生産拠点を特定のコストが安い国に集約して、製造におけるヒトやモノの無駄な動きを抑えることができれば、効率性の改善に繋がる。そのため、安定的に事業を運営できる平時を前提にすれば、集中した際のメリットが大きくなる傾向にある。

一方で、貿易戦争が起きて関税が大幅に上がるといった事態が起きれば、コスト面でのメリットが消え、逆に不利な状況に陥る可能性もある。また、対象国の政情が不安定化するなどの事態が起きれば、生産を全て止めることに繋がる恐れもある。特に、コストが低い国は発展途上にあることが多く、政治や経済の状況が先進国よりも不安定なことが多い。対象国への投資が大きくなり、依存度が高いほど、状況の変化による影響を大きく受ける可能性が高まる。

集中と分散に関する検討は、収益の観点でも必要になることがある。本来は、他国市場の開拓に成功することは、企業が目指す目標であるといえる。しかし、成功するほど特定国の市場への依存度が高くなり、結果的にリスクが高まることがある。また、需要に応えるために、店舗網や商品供給体制の強化が必要になり、対象国に追加投資を行うことに繋がることも多い。そのような体制を整えるのは、安定した需要が維持されることが前提になる。例えば、政治的要因での不買運動などが生じた場合には、対象市場への収益の依存度が高いほど、企業への影響が大きくなる。

企業にとって、特定市場への過剰なリスクを回避するために、例えば、対象国での事業について、リスクの許容限度を設定するという対応が必要になることがある。予め限度額等を設けることで、その範囲内での投資に留めれば、許容できない水準の損失を負うリスクを避けることに繋がる。限度額の設定によって、結果として、企業が抱える経営資源の配分が分散されることに繋がる。

次に、リスク軽減を図るうえで、対象国への進出方法に関する検討も重要になる。業種や扱う商品によって状況は異なるものの、独自展開を図るか、または、現地企業との提携などを通じて展開するかという点についての検討が必要になる。独自展開では、対象事業へのコントロールを最大化することができ、得られた収益も全て得ることができる。しかし、独自展開では投資が大きくなり、リスクが高まる傾向にある。

他方で、現地企業との提携などを通じて展開する場合には、他企業の経営資源を活用するため、投資が抑えられる傾向にある。政治的要因などから不測の事態が生じた場合にも、損失を負うリスクを軽減することに繋がると考えられる。進出方法については、展開する事業の特徴に加えて、現地の規制や競争環境なども踏まえたうえで、検討することが求められる。この点については、第7章で詳細に触れることにする。

最後に、政治的リスクに対応するために、進出後の管理・運営体制についての検討も重要になる。特に、独自展開を図る場合には、どこまで現地に意思決定権を移譲するかという点に関する検討が必要になる。

管理・運営に関する意思決定体制については、大きく分けて、集中型（Centralized Decision Making System）と分散型（Decentralized Decision Making System）の2つに分けられる。集中型は、本社などで集中して意思決定を行う体制であり、分散型については、現地に多くの判断を委ねる体制である。

それぞれの国の文化や環境によって、物事や状況の受け止め方などが大きく異なる可能性がある。先進国と発展途上国の間でも、価値観や感覚などの違いが大きいことがある。例えば、日本では、災害が発生した際にも、駅やバス停などで、列をなして出社する人の姿がみられることがある。しかし、外国人からすれば、そのような光景は奇異に映る可能性がある。また、治安は国や地域によって大きく異なり、安全に対する感覚についても違う可能性がある。例えば、小規模な暴動などが一定の頻度で起きている場所では、現地ではそのような状況に慣れてしまっているということもある。

仮に、現地において、一定の頻度で、テロや暴動が起こる可能性があるという情報がもたらされている場合に、その情報にどれだけ依拠して、オフィスやプラントなどを閉鎖するかといった判断が求められる可能性がある。また、現地で一部の不買運動が暴徒化した場合などに、店舗や生産拠点を閉鎖するかという点についての素早い対応が必要になることもある。万が一、実際に破壊行為などが起きた場合には、人的な被害が発生する恐れがある。一方で、長期的に現地のオフィスやプラント、または、店舗や生産拠点を閉鎖することになれば、当然ながら、企業にとって経済的な損失が発生することになる。例えば、生産拠点を閉鎖した場合には、そこからの商品供給が一時的に止まり、他の地域の事業にも影響を与える可能性がある。

このような判断について、現地の状況に接している現地オフィスに委ねるか、または、本社にて判断するかによって、判断の内容やスピードが大きく異なる可能性がある。誰が、どのように決定するかによって結果が大きく異なることがあり、管理・運営体制によっては、このようなリスクが一部軽減されることに繋がる可能性がある。

第４章　競合他社の状況

政治や経済に関するマクロな観点での検討に加えて、業界内での競合関係など、よりミクロな視点での分析も必要になる。競合関係に関しては、既存の関係に加えて、その変化についても考慮する必要がある。また、サプライヤーや販売ネットワークといった点についても、競合関係に影響を与える要因になる。

１．業界の特徴と既存の競合関係

特定の業界内で、主要企業がグローバルに事業展開することがある。しかし、企業によって得意とする市場が異なり、市場によって競合他社が異なることも多い。

市場規模が大きい先進国では、幅広い産業が発展しており、有力な現地企業が存在する可能性が高い。そのため、海外の企業がその市場に参入した場合には、現地企業との競合が厳しくなることが多い。一方で、比較的人口が少ない国や新興国などでは、産業が特定の分野に偏る傾向がみられる。また、発展途上の国では、高い技術力が求められる分野については、海外への依存度が高くなることがあり、その結果、その市場では外国資本の企業のシェアが高くなるということがある。

競合関係は、業界によっても特徴が大きく異なる。比較的ニッチな商品を扱う業界では、特定の企業がシェアを独占しているといったケースがみられる。また、国によっては、特定業界内に複数の企業が存在する場合でも、シェアがより分散、または、集約されているケースがある。

本章では、このような競合関係の特徴について理解するために、自動車業界を例に挙げて、複数の市場についてみていくことにする。自動車は日本の代表的な産業の一つであり、また、グローバルな事業展開が進んでいる分野でもある。

（1）世界の自動車市場

自動車業界では、中国と米国が、世界の2大市場になっている。図表4-1では、2019年の、各国における新車販売台数を示している。米中両国の新車販売台数は、世界第3位の市場である日本や、その他の国々を大きく引き離している状況にある。

販売台数に加えて、それぞれの市場に関する他の特徴についても抑える必要がある。例えば、シェアの集約状況に加えて、自国メーカーの有無や、海外メーカーのプレセンスなどは、

図表 4-1：各国新車販売台数

	国名	2019年販売台数		国名	2019年販売台数
1	CHINA	25,768,677	26	SWEDEN	418,478
2	USA	17,480,004	27	PHILIPPINES	415,826
3	JAPAN	5,195,216	28	ARGENTINA	408,674
4	GERMANY	4,017,059	29	AUSTRIA	382,333
5	INDIA	3,816,891	30	SWITZERLAND	356,039
6	BRAZIL	2,787,850	31	CHILE	345,512
7	FRANCE	2,755,696	32	CZECH REPUBLIC	281,423
8	UNITED KINGDOM	2,676,918	33	VIETNAM	280,742
9	ITALY	2,131,916	34	PORTUGAL	271,817
10	CANADA	1,975,855	35	DENMARK	264,256
11	SOUTH KOREA	1,795,134	36	UAE	263,000
12	RUSSIA	1,778,841	37	ISRAEL	258,622
13	SPAIN	1,501,260	38	COLOMBIA	248,689
14	MEXICO	1,359,671	39	TAIWAN	219,075
15	INDONESIA	1,043,017	40	NORWAY	189,823
16	AUSTRALIA	1,034,379	41	ROMANIA	189,025
17	THAILAND	1,007,552	42	PAKISTAN	186,581
18	POLAND	656,265	43	EGYPT	170,000
19	IRAN	655,515	44	MOROCCO	165,916
20	BELGIUM	644,041	45	HUNGARY	162,659
21	MALAYSIA	604,287	46	PERU	155,697
22	NETHERLANDS	538,742	47	FINLAND	155,147
23	SOUTH AFRICA	536,611	48	NEW ZEALAND	154,479
24	SAUDI ARABIA	528,883	49	IRELAND	142,494
25	TURKEY	491,909	50	ALGERIA	125,000
	All Countries	91,358,457		Europe Total	20,868,884

出所：International Organization of Motor Vehicle Manufacturers (OICA) のデータを基に筆者作成

その市場の特徴を表している。また、第3章でみたように、国によって一人当たりGDPの水準は大きく異なり、対象市場に投入される商品も異なると考えられる。例えば、米国では、人口が多いことに加えて、一人当たりGDPも高い水準にある。また、国土も広く、比較的密集した都市部と、移動距離が長くなるその他の地域も多い。そのため、米国では、多様な車種へのニーズがあることが推測される。一方で、新興国など所得が限られている場合には、より低い価格帯の車種へのニーズが高まると考えられる。異なる市場の特徴について、本項では、日本、米国、中国、インドネシアという4つの市場を取り上げみていくこととする。

(2) 日本

日本の乗用車市場では、国内メーカーが合計で9割強のシェアを占めている。特に、トヨタについては、1社で乗用車市場の4割強のシェアを有している（図表4-2）。他方で、海外メーカーは合計で1割弱のシェアであり、国内メーカーにシェアが大きく偏っていることが分かる。なお、日本では、軽自動車という国内特有の規格がある（図表4-3）。軽自動車の販売台数も含めた場合には、国内市場における日本車メーカーのシェアは、およそ94%まで上がる。

図表 4-2：日本市場のシェア（乗用車）

	企業・ブランド名	2019年 販売台数	シェア
1	トヨタ	1,510,741	46.0%
2	日産	367,514	11.2%
3	ホンダ	357,242	10.9%
4	マツダ	166,681	5.1%
5	スズキ	122,028	3.7%
6	スバル	105,075	3.2%
7	いすゞ	81,442	2.5%
8	日野	69,791	2.1%
9	レクサス	62,394	1.9%
10	三菱	46,927	1.4%
11	三菱ふそう	41,272	1.3%
12	ダイハツ	43,609	1.3%
13	UDトラックス	10,388	0.3%
-	その他	299,766	9.1%
	合　計	3,284,870	100%

出所：日本自動車販売協会連合会のデータを基に筆者作成

図表 4-3：日本市場のシェア（軽自動車）

	企業・ブランド名	2019年 販売台数	シェア
1	ダイハツ	588,362	31.7%
2	スズキ	554,444	29.9%
3	ホンダ	357,402	19.3%
4	日産	205,432	11.1%
5	三菱	53,523	2.9%
6	マツダ	37,123	2.0%
7	トヨタ	34,589	1.9%
8	スバル	25,013	1.3%
-	その他	79	0.0%
	合計	1,855,967	100%

出所：全国軽自動車協会連合会のデータを基に筆者作成

図表 4-4：日本市場のシェア（輸入車）

	企業・ブランド名	2019年 販売台数	シェア
1	Mercedes-Benz	64,569	19.0%
2	VW	45,540	13.4%
3	BMW	44,231	13.0%
4	Audi	25,191	7.4%
5	BMW MINI	22,255	6.6%
6	Volvo	18,540	5.5%
7	Jeep	14,186	4.2%
8	Peugeot	10,335	3.0%
9	Porsche	7,694	2.3%
10	Renault	6,363	1.9%
11	Fiat	5,842	1.7%
12	Citroen	4,415	1.3%
13	Land Rover	4,347	1.3%
-	Other	65,916	19.4%
	Total	339,424	100.0%

出所：日本自動車輸入組合のデータを基に筆者作成

輸入車のシェアをみると、欧州系のメーカーが大部分を占めている状況にある(図表４-４)。輸入車ブランド上位５社のみで、輸入車全体の約６割を占めており、特に、ドイツ系の企業が上位を独占している状況にある。

他方で、米国系メーカーの日本国内でのプレセンスは非常に低く、唯一ジープが上位１０社に入っている。この点に関しては、第６章でも触れるように、日本の道路事情など、複数の要因が影響していると考えられる。

日本国内の市場は、世界第３位に位置する大規模な市場であるにも拘わらず、比較的シェアが集約されているという特徴がみられる。国内メーカーへの偏りが非常に大きいことに加えて、軽自動車などの小型車の人気が高い。海外からの輸入についても、欧州系のメーカーに集中している状況にある。この点を踏まえると、国内では、消費者のニーズや嗜好が、比較的統一されている側面があると捉えることができる。

（3）米国

新車販売台数で世界第2位の米国市場では、各企業のシェアがより分散している傾向がみられる（図表4-5）。ゼネラル・モータースやフォードにとっては母国市場であり、上位に位置している。他方で、外国企業であるトヨタも僅差で3番手に付けており、ホンダ、日産、スバルといった日系企業が上位10社に入っている。これらの日系企業だけでも、市場の3分の1以上のシェアを占めている状況にある。米国では、その他にも、韓国系や欧州系のメーカーも一定のシェアを獲得しており、幅広い企業間での競争があるといった特徴がみられる。

このようなシェアが分散している市場では、より直接的な競合関係についての捉え方が難しいこともある。例えば、日本車については、比較的故障が少なく、長期間乗ることができるとみられている。また、ハイブリッドで先行したことなどから燃費が良いと認識されてお

図表 4-5：米国市場のシェアの状況

	企業・ブランド名	2019年 販売台数	シェア
1	GM	2,877,590	16.9%
2	フォード	2,406,188	14.1%
3	トヨタ	2,383,349	14.0%
4	FCA	2,203,663	12.9%
5	ホンダ	1,608,170	9.4%
6	日産	1,345,681	7.9%
7	現代	710,007	4.2%
8	スバル	700,117	4.1%
9	起亜	615,338	3.6%
10	VW	592,031	3.5%
11	BMW	362,307	2.1%
12	メルセデスベンツ	358,410	2.1%
13	マツダ	278,552	1.6%
14	テスラ	178,950	1.0%
-	その他	427,372	2.5%
	合計	17,047,725	100%

注：その他には三菱自動車、ボルボ、ランド・ローバー、ポルシェ、BMWミニなどの企業が含まれる。

出所：ジェトロ、モーターインテリジェンス、オートモーティブニュースデータセンターのデータを基に筆者作成

り、性能面で評価されている側面がある。仮に、消費者が故障の少なさや燃費という点を重視して購入を検討する場合には、複数の日本車が、購入の検討対象として挙げられるケースが多くなる可能性がある。当然ながら車種によっても状況が異なるものの、消費者から日本車という括りでみられた場合には、他の日本車メーカーとより直接的に競合することが増えると考えられる。その場合には、他国市場である米国においても、より直接的な競合他社は、他の日本車メーカーということになる。そのため、現地での販売を増やすためには、他の日本企業と比較した際の特徴の違いという点が、販売台数を伸ばすうえで、より重要な要素になる可能性がある。

米国は、自動車業界における主要市場の地位を維持しており、多くの自動車メーカーにとって、最も重要な市場になっている。このような安定した需要が見込める市場では、企業にとっては、設備投資を行い現地で生産体制を築くという判断がしやすくなる。実際に、トヨタ、ホンダ、日産などは、複数の車種について、米国内に工場を設けている。生産から販売まで行うことになれば、現地での雇用を生むことにも繋がり、地元経済との関わりがより深くなる。多くの場合、この点は、企業イメージの改善に繋がるなどのメリットがあると考えられる。

一般的には、米国の自動車市場のように大規模で魅力的な市場では、多くの企業が新規参入や事業拡大を検討する。そのため、企業は、その市場を開拓するための商品を積極的に開発して投入することになり、その結果、競争が厳しくなる傾向にある。一定程度のシェアを獲得している企業であっても、継続的な投資が必要になり、商品の品質や生産・販売体制の改善を続けるといった対応などが必要になる。

（4）中国

中国の自動車市場は、2001年以降、経済発展に伴い規模が急激に拡大してきた。2001年から2014年の期間でみても、販売台数が10倍ほど増加している（図表4-6）。

市場が拡大して販売台数が伸びることは、自動車メーカーにとっては、業績改善に繋がるプラスの要因になる。一方で、市場の急激な変化は、設備投資の判断などにおいて難しい側面もある。例えば、自動車が急激に普及すれば、インフラ整備が追い付かずに過剰な渋滞が発生することや、排出ガス急増などの社会的な問題が起きることに繋がる。そのような問題が生じた場合には、消費者のニーズに関わらず、規制などによって販売が抑制されるということが起こる可能性もある。また、前章で触れたように、中国では、外国製品に対する不買運動が起きたこともある。政治的な要因から生じる突発的な出来事などが、事業展開に大きな影響を与える可能性があることを想定しておく必要がある。市場の急激な変化が起きてい

図表 4-6：中国における自動車販売台数の推移

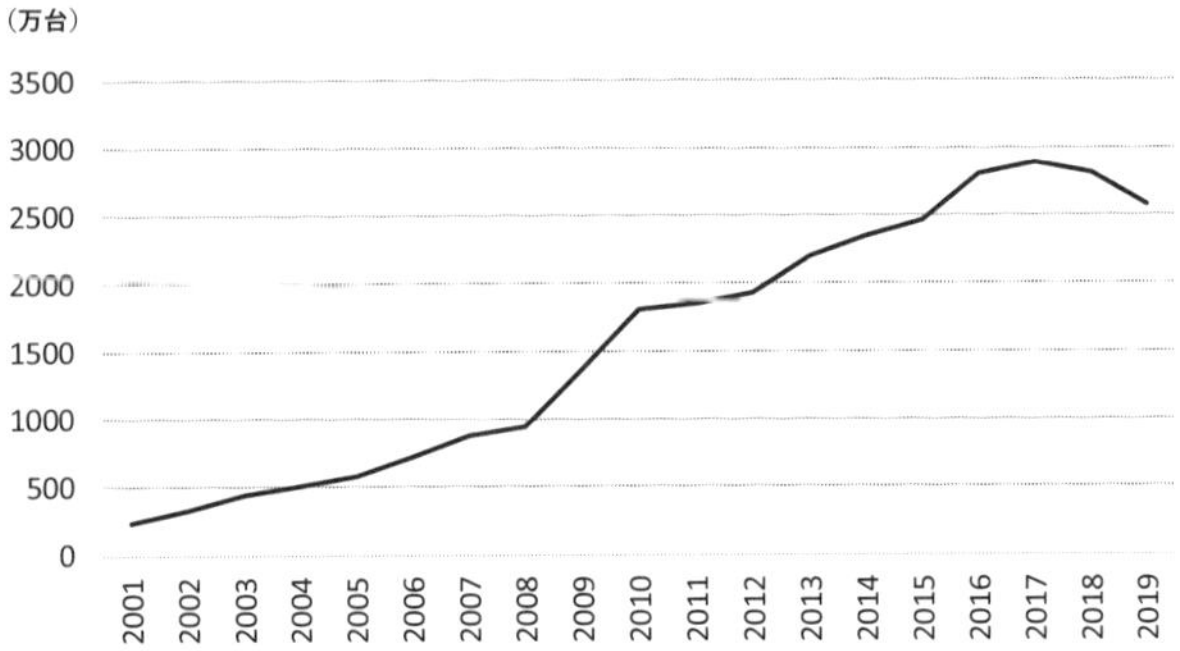

出所：ジェトロ、中国汽車工業協会のデータを基に筆者作成

図表 4-7：中国市場の国別シェア（乗用車）

国名	2018年 販売台数	シェア
中国	998	42.1%
ドイツ	508	21.4%
日本	445	18.8%
米国	248	10.4%
韓国	118	5.0%
フランス	31	1.3%
その他	24	1.0%
合計	2,371	100%

出所：ジェトロ、中国汽車工業協会のデータを基に筆者作成

図表 4-8：中国市場の企業・ブランド別シェア

	企業・ブランド名	2019年 販売台数	シェア
1	Volkswagen（ドイツ）	3,143,031	14.6%
2	ホンダ（日本）	1,567,785	7.3%
3	トヨタ（日本）	1,393,702	6.5%
4	Geely（中国）	1,223,969	5.7%
5	日産（日本）	1,186,230	5.5%
6	Buick（アメリカ）	876,972	4.1%
7	Haval（中国）	793,916	3.7%
8	Hyundai（韓国）	701,472	3.3%
9	Changan（中国）	673,260	3.1%
10	SGMW（中国）	637,856	3.0%
11	Audi（ドイツ）	619,089	2.9%
12	Mercedes-Benz（ドイツ）	593,528	2.8%
13	BMW（ドイツ）	572,919	2.7%
14	Baojun（中国）	541,127	2.5%
15	Chevrolet（アメリカ）	512,539	2.4%
16	Roewe（中国）	449,805	2.1%
17	BYD（中国）	441,943	2.1%
18	Chery（中国）	439,052	2.0%
19	GAC Trumpchi（中国）	369,679	1.7%
20	Kia(韓国)	291,203	1.4%
-	Others	4,425,294	20.6%
	Total	21,454,371	100%

注：データに輸入モデルは含まれない。データソースの違いから、合計販売台数が他図表と異なる。

出所：兵庫三菱自動車販売グループ、车主之家のデータを基に筆者作成

る場合や、政治的な環境が不安定な場合には、足元の需要を前提として、大規模な設備投資を行うという判断がより難しいことがある。

中国の自動車市場では、外国メーカーがシェアの過半を占めるという特徴もみられる（図表4 - 7）。自動車業界は高い技術力が求められる分野であり、技術的に先行したドイツ、日本、米国のメーカーが、それぞれ一定のシェアを獲得している状況にある。

また、個別企業・ブランド別にみると、二桁のシェアを獲得しているのは1社のみであり、シェアが非常に分散されているという特徴もみられる（図表4 - 8）。しかし、市場全体の規模が大きいために、トヨタ、ホンダ、日産といった日本企業は、それぞれ年間の販売台数が100万台を超す水準にある。ホンダと日産については、日本国内の販売台数を大きく上回り、また、トヨタについても、国内の販売台数に迫る水準にある。日系メーカーにとっても、中国市場は非常に重要な市場の一つになっているといえる。

（5）インドネシア

インドネシアの自動車市場は、比較的シェアが集約しており、また、外国メーカーに依存しているという特徴がみられる（図表4 - 9）。日系メーカーは現地からみた外国企業になる

図表 4-9：インドネシア市場のシェアの状況

	企業・ブランド名	2018年 販売台数	シェア
1	トヨタ	352,161	30.6%
2	ダイハツ	202,738	17.6%
3	ホンダ	162,170	14.1%
4	三菱自動車	142,861	12.4%
5	スズキ	118,014	10.3%
6	三菱ふそう	51,470	4.5%
7	日野自動車	39,737	3.5%
8	いすゞ自動車	26,098	2.3%
9	ウーリン	17,002	1.5%
10	ダットサン	10,433	0.9%
ー	その他	28,607	2.5%
	合計	1,151,291	100%

出所：ジェトロ、インドネシア自動車工業会のデータを基に筆者作成

ものの、インドネシアで独占的なポジションを築いている。２０１９年時点の販売台数でみると、日系メーカー合計では、９５％以上のシェアを占める状況にある。特に、トヨタと完全子会社であるダイハツの２社を合わせて、およそ半分のシェアを握っている。日系メーカーにとっては他国市場ではあるものの、主な競合他社は、他の日系メーカーということになる。

新興国では、自国内で、十分に産業が発展していないことがある。特に、自動車のように高い技術力が求められる分野を発展させるのは容易ではないため、他国の製品

を取り入れるといったケースがある。そのような場合には、地理的、または、政治や経済的な繋がりという観点での距離が近い国の製品が選択される傾向がみられる。

インドネシアは、特に２０００年以降に高い経済成長を遂げている。また、２０１９年時点の人口はおよそ２．６７億人であり、若い年齢層も多いことから、自動車業界にとっては、将来的に有望な市場になる可能性がある。一方で、２０１９年時点の一人当たりＧＤＰは、約４．２千米ドルである。先進国と比べると現時点においても低い水準にあり、日系メーカーは、現地市場向けの抑えた価格帯の車種を投入するといった対応を取っている。

欧米系の主要メーカーにとっては、インドネシア市場の競争環境は非常に厳しい状況にある。２０１５年にはゼネラル・モーターズが現地生産を終え、２０１６年にはフォードが撤退するなど、いずれも現地市場の開拓に失敗している。アジア諸国の市場では、中小型車へのニーズが高いという傾向がみられる。この点に対して、欧米系のメーカーが十分に対応できていないことが、要因の一つであると考えられる。

ここまで、日本、米国、中国、インドネシアという、４つの国の自動車市場を例に、既存の競合関係についてみてきた。グローバルに事業展開している企業が多い業界でも、市場によって、競合関係の特徴が大きく異なる状況にある。競合関係は、業界や扱う商品の特徴によっても異なり、シェアの集約状況や、自国・他国企業の優位性といった点に加えて、それらの違いが生まれている要因に関する分析が必要になる。

2．競合関係の変化

対象市場の競争環境について検討する際には、既存企業間での競合に加えて、将来的に競合関係が変化する可能性についても考慮する必要がある。第2章で取り上げた、ポーターの5つの競争要因における、新規参入や代替品の脅威といった要因に関連する点になる。

例えば、インドネシアの自動車市場では、フォードが撤退した後に、中国のウーリンが新たに参入している。2017年に本格的に販売を開始した後に、2019年には、販売台数で第9位に位置している。日本貿易振興機構（ジェトロ）によると、同社が投入している商品は、日系メーカーの同様の車種よりも2割以上も価格が低いとされている。インドネシアにおける一人当たりGDPの水準を考慮すれば、現状では、低価格帯の車種の需要があると考えられる。ウーリン以外の中国メーカーも新たに参入しており、今後、日系メーカーとの競争が厳しくなる可能性もある。

競合関係の変化という点については、異業種からの参入や、技術革新といった点などについても抑える必要がある。自動車業界の例を続けると、同業界では、多くの企業が、自動運転に関する技術開発に取り組んでいる。自動運転に関しては、ＩＴ技術が多く活用されるため、ＩＴ系の企業に優位性があるという側面がある。特に、グーグル（Waymo）については、２００９年から自動運転の技術開発に取り組み、既に多くの試運転の実績がある。仮に、豊富な資金力を背景に、グーグルが既存自動車メーカーを買収するといった手段を通じて、高いレベルでの自動車生産能力を獲得した場合には、業界の競争環境が大きく変わる可能性がある。

２０００年代前半には、グーグルのようなＩＴ系企業が、自動車メーカーの直接的な競合他社になると考えた人は多くはなかったといえる。しかし、ＩＴ技術がさらに発展し、その重要性が増すなかで、ＩＴ系企業は、自動車メーカーにとって、現実的な競争上の脅威になっている。既存の自動車メーカーについてもＩＴへの投資が必要であり、業界の垣根を越えての競合関係が生まれている。

業界内での競合関係の変化の起きやすさという点は、それぞれの業界の特徴による影響を受けやすい。一般的には、大規模な投資や高い技術力が求められる分野では、新たに参入することがより難しい。例えば、自動車業界についても、莫大な設備投資や高い技術力が必要なため、必ずしも誰もが容易に参入できるわけではない。生体体制の構築に加えて、エンジンや安全性能の改善には、継続的に大きな投資が求められることになる。そのため、長年に渡り、日米欧の主要なメーカー間での競争が続いてきたという背景がある。例えば、グーグルのようなＩＴ系企業が新たな競争上の脅威となっている点についても、高い技術力や資金力を有しているといった背景があるためだと考えられる。自動車業界以外では、例えば、医薬品業界についても、莫大な研究開発費や高い技術力などが必要な分野である。

一方で、サービス関連業種などでは、投資の規模という点で、比較的新規参入がしやすい分野がある。例えば、飲食業界では、チェーン展開などで、急速に事業を拡大させるといったケースもみられる。一定程度の店舗開発費用が発生することや、良い立地を確保できるかといった事業上のハードルは存在するものの、比較的参入障壁は低いと考えられる。しかし、投資規模が小さく参入障壁が低い場合には、業界内での競争がより厳しくなる傾向にある。また、比較的短い期間で、業界内の競合関係が大きく変化する可能性があるという点についても、抑えておく必要がある。

最後に、参入に関して厳しい規制などが設けられている分野では、新規参入が難しいため、競合関係の変化が起こりづらい。例えば、第５章で触れる外国資本規制が厳しい国では、特定の業種での競争が抑制されている。仮に、そのような規制が撤廃された場合には、競合関係の大きな変化に繋がる可能性がある。

3. 競合関係に関する他の検討事項

サプライチェーン内における原材料の供給者や顧客との関係という点も、競合関係に影響を与える要因になる。ポーターの５つの競争要因における、供給者や顧客の交渉力という要因に関連する点である。

企業が安定的に事業を展開するためには、求める品質の商品、部品、または、材料について、必要な量を、必要なタイミングで確保する必要がある。また、これらの条件を満たしたうえで、合意できる価格で供給されなければならない。仮にこれらの条件について大きな妥協をしなければならない場合には、競合他社との競争において、不利な状況に陥る可能性がある。そのため、業界内での競争力を持つためには、条件が合い、信頼できる供給者を確保することが、非常に重要な要因になるといえる。

例えば、自動車業界については、トヨタなどの完成車メーカーは、グローバルに部品を調達できる体制を構築する必要がある。最終的な完成車の品質は、使用する部品に依存する点も多くあり、供給者との連携は非常に重要な要素になる。日系メーカーに関しては、高品質な部品等を供給する国内供給者との系列を組み、連携を深めるといった対応などを取っている。この点は、自動車業界において、日系メーカーが強い競争力を有している要因の一つになっていると考えられる。

業界によっては、特定の地域内における供給者との関係構築が求められるケースもある。例えば、小売業や飲食業では、食材を現地で調達するニーズもある。特に、魚介類や野菜といった食材については、鮮度や輸送コストなどの観点から、現地調達によるメリットがある。また、地元産に拘ることで、差別化に繋がる側面もあると考えられる。特定の小売企業自体がグローバルに事業を展開する場合でも、それぞれの地域の供給者との関係構築が必要になるというケースもある。

加えて、顧客との関係についても、競争力を確保する上で重要な要因になる。強固な販売・物流ネットワークへのアクセスは、企業の競争力強化に繋がる。例えば、家電や食品メーカーなどは、製造した商品を、小売業者を通じて最終消費者に販売することが多い。そのため、メーカーにとっては、販売ルートの開拓は、最も重要な課題の一つになる。しかし、新たな市場に参入する場合には、既にその市場で展開している競合メーカーが多くいる。現地の小売店は、店舗の販売スペースが限られるなかで、いかに多く売れる商品を配置するかという点が重要になる。小売店側にとっては、その市場でまだ認知されていない新規参入者の商品を置くことは、売上の減少に繋がるリスクがある。既に市場内で一定程度認知された他社商品があり、また、安定的に供給できる取引先がある場合に、仕入先を無理に変更するといった判断はしづらい。そのため、新たな市場において、既存の物流・販売ネットワークに割って入ることは、必ずしも容易ではないケースが多い。

第2章でも触れたように、原材料から最終消費者に届けるまでのサプライチェーンに含まれる企業は、最終消費者に対して、商品を提供する上でのパートナーであるといえる。一方で、条件について交渉する必要があり、パートナーであると同時に、交渉相手でもある。これらの点を両立させることができるサプライチェーンを構築する必要があり、この点は、業界内での競合関係に影響を与える要因になる。

第5章　規制と税制

対象国で事業展開するうえでの大前提として、その国の関連規制に従う必要がある。対象国において、特定の事業への参入が認められないケースがあることや、事業展開の方法に大きな制約が掛かる可能性がある。また、関連する税制についても、事業環境に大きな影響を与える要因になる。

本章では、グローバルな事業展開を進めるうえで、企業が影響を受ける可能性がある主要な規制や税制についてみていく。

1．規制

（1）外国資本に対する規制

対象国において、外国資本の企業に対しての規制が設けられていることがある。外国資本に対する規制には、主に2つの大きな目的があると考えられる。1つ目は、安全保障上の理由によるもので、その国の重要な情報や技術などの流出を防ぐ目的がある。そして、2つ目は、その国において、特定の産業を保護するという目的がある。

これらの規制は、国や業種によってよって大きく異なり、また、先進国と新興国等によっても差がみられる。

（a）不公正な競争に関する問題

その国の経済を発展させるための重要な要件の一つとして、企業が公正に競争できる環境があるかという点が挙げられる。一般的には、国内企業のみではなく、外国企業も経済発展に有益な競争をもたらすことが多いと考えられる。一方で、外国企業が自由に展開することで、問題が生じることがある。特に、先進国において大きな論点として取り上げられる点は、公正の捉え方に加えて、国家の安全の維持という2つの点である。

前者に関しては、特定国内の市場だけではなく、複数国の市場でみた場合に、企業間の競争を公正と捉えることができるかという問題がある。ある国では外国資本の企業による自由な事業展開が認められ、他方で、違う国では自由な展開が認められない場合に、それぞれの国の企業間での競争に不平等が生じることになる。

例えば、図表5-1の例に示すように、A国とZ国という2国間のケースについて考えてみたい。A国では、自由な競争を認めているため、特段の規制を設けていない。外国資本の企

図表 5-1：企業間での不公正な競争

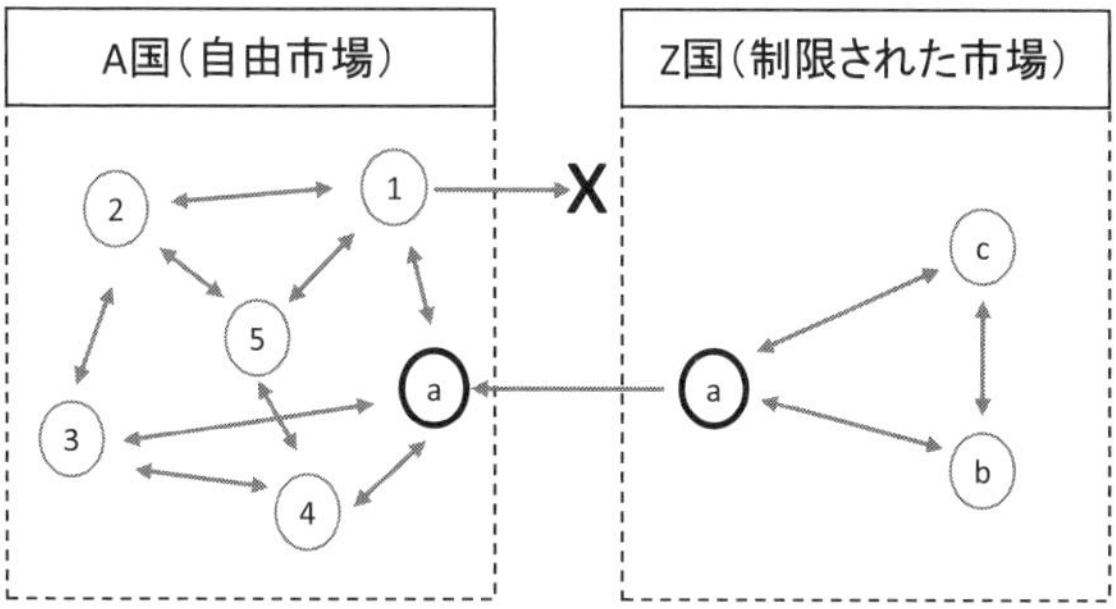

出所：筆者作成

業についても、制限なく受け入れる方針を掲げている。他方で、Z国では、外国資本の企業が事業展開することを制限している。そのため、Z国内では、自国企業が有利に事業を展開できる状況にある。

問題は、それぞれの国の企業が相手国での事業展開を考えた際に、例えば、A国の企業①には制限が掛かり、Z国の企業ⓐは、相手国で自由に事業が展開できることになる。そのため、A国とZ国の2つの国でみた場合には、公正な競争環境が担保されないことになる。A国の自由な競争を促進するという制度が、自国の企業にとって、競争上不利な状況を作り出す結果に繋がることになる。

また、仮に企業ⓐがZ国の国営企業であるか、または、完全な国営企業ではないものの、

Z国の政府から多額の資金提供を受けている場合などには、民間の企業間での公正な競争が妨げられることになる。そのため、それぞれの国の制度の違いや、国からの資金的な援助などによって、業界内における競争環境が大きく歪められる可能性がある。

なお、仮に、両国とも外国資本に対する規制がない場合であっても、相手国での事業が成功しないケースは多くある。例えば、競合他社との商品の差別化が十分に図れないことや、知名度が十分に浸透しないことなども多い。その結果、想定したほど商品が売れずに、継続的な赤字に陥り、当該市場から撤退するケースがある。しかし、それは健全な競争を行ったうえでの結果であり、制度上の公平性とは異なる問題である。事業の失敗と、制度上の公平性の問題については、明確に分けて捉える必要がある。

国家間で制度が大きく異なる場合には、公正で健全な競争環境を確保することが難しいことがある。そのような状況に対応するために、2つ以上の複数国によって、協定が結ばれることがある。例えば、2018年には、日本を含むアジア太平洋地域の11国で、TPP協定（Trans-Pacific Partnership Agreement）が締結されている。同協定では、参加国間での関税を緩和するといった対応に留まらず、企業の事業環境の改善に繋がるルールについても規定されている。例えば、マレーシアやベトナムの外国資本に対する規制が、一部緩和されることとなっている。また、年々重要性が増す知的財産の分野でも、加盟国間で、次の点などに関するルールが設けられている。

・商標の不正使用に関する賠償制度
・営業秘密の不正取得や商標侵害への刑事罰義務化
・コンピュータ関連設備の自国内設置を要求することの禁止
・大量販売用ソフトウェアのソース・コード移転に関する要求を原則として禁止

これらルールの統一を図ることによって、協定圏内の国々の企業が、より公正な環境下で競争を行うことに繋がる。事業活動を行ううえで公正な競争環境を整えることは重要であり、また、その国の経済の発展にとってもプラスになるといえる。

(b) 安全保障等の観点での外国資本規制

公正な競争環境を整えるために、過剰な規制を無くすことや、必要なルールの統一を図ることは重要であるといえる。一方で、各国の個別事情によって、外国資本に対する規制が設けられることがある。当然ながら、全ての規制に問題があるということではなく、内容によって正当化されるものもある。実際に、近年では、安全保障上の理由から、先進国でも一部で外国資本規制を強化する動きがみられる。

例えば、米国では、2020年2月に、外国投資リスク審査現代化法（FIRRMA）が施行されている。米国の重要な技術やインフラなどに加えて、センシティブな個人情報の取得に繋がる海外からの投資について、審査が厳格化されることになった。また、これらに関連する投資で、従来は規制対象ではなかった被支配持分（Non-Controlling Investments）の取得についても、当規制に該当することになった。空港や軍事施設の周辺の不動産についても審査対象とされることになり、国家安全保障上懸念がある投資の審査が強化されている。

日本でも同様に規制強化の動きがあり、2020年に外国為替及び外国貿易法（外為法）が一部改正されている。外為法では、「国の安全」、「公の秩序」、「公衆の安全」、「経済の円滑運営」といった4つの観点から、関連する業種への投資を行う場合に、事前の届出が求められる（図表5－2）。OECDによって資本移動自由化規約が設けられており、加盟国においては、当該規約に基づく形で、自国の状況を踏まえて追加の項目を設けるといった対応が取られている。

日本の基準では、従来までは、外国資本による対内直接投資について、上場企業の10％以上の株式取得が対象とされていた。しかし、2020年の改正によって、閾値が1％まで

図表 5-2：日本における事前届出対象業種

国の安全	武器、航空機、原子力、宇宙関連、軍事転用可能な汎用品の製造業、サイバーセキュリティ関連
公の秩序	電気・ガス、熱供給、通信事業、放送事業、水道、鉄道、旅客運送
公衆の安全	生物学的製造業、警備業
経済の円滑運営	農林水産、石油、皮革関連、航空運輸、海運

出所：財務省 HP を基に筆者作成

引き下げられている。また、２０１７年に行われた改正では、国の安全を損なう恐れが大きい業種について、外国投資家による、他の外国投資家からの非上場株式の取得についても、事前届出制の対象として追加している。安全保障といった観点では、先進国においても、徐々に外国資本に対する規制が強化される傾向にある。

海外から投資を呼び込むことは、その国の経済発展にとって重要である。しかし、国の安全や秩序といった観点とのバランスを保つことが求められ、日本や米国といった国においても、防衛やインフラなどの分野での規制が設けられている。現状では、日本国内では、外国資本による土地取得についての規制が設けられていない。しかし、軍事施設の周辺や、水源豊富な森林地帯などの土地の外国人による取得が報じられており、一部の土地取得についても、一定の規制を設けるべきであるといった議論がされている。

このように、先進国においても外国資本に関する規制があり、近年では一部の規制を強化する動きがみられる。規制を設ける際には、誰に対して、どのような理由で規制を設けるかといった点が重要であり、合理的な範囲内に限定するといった対応が求められる。

（c）自国産業保護等の観点による外国資本規制

外国資本に対する規制は、一般的に新興国でより多くみられる傾向にある。国内産業が未発展または発展途上の段階にある場合には、先進国の企業と同等に競うことが難しいという背景がある。そのため、自国企業や産業を一定程度発展させるために、政策的な観点から規制が設けられるケースがある。

それらのケースでは、外国資本が参入することができない分野や、一定の持分以上の保有を禁止する分野を定めた、ネガティブ・リストが設けられていることが多い。特に、新興国では、消費者と直接接する小売業の分野での規制が多い傾向にある。

例えば、インドネシアでは、外国資本の企業が、製造業では原則として現地法人の１００％の株式を所有し、事業展開することが認められている。しかし、小売業は依然として規制されており、デパートやスーパーマーケットなど、売り場面積が一定規模以下の店舗は、外国資本の企業による展開が認められていない。流通業でも、陸上と海上輸送は、外国資本の持分上限は４９％とされている。また、２つ星以下のホテルについては外国資本による持分の上限が６７％とされるなど、業種によって細かい規定が設けられている。

インドにおいても、小売業では、外国資本に対する厳しい規制がある。単一ブランドのみを展開する場合には、外国資本の企業等が、１００％の持分を保有することが可能とされている。しかし、出資比率が５１％超の場合には、製品調達額の３割をインド国内から調達することが要求されている。現地調達に関する規制は、現地で新たなサプライチェーンを構築する必要性が生じることになり、企業にとっては大きな制約になる。また、例えば、デパートやスーパーマーケットなどの複数ブランドの商品を扱う総合小売業では、外国資本による持分は５１％までに制限される。１億ドル以上の大規模な投資も求められるなど、外国の企業にとっては、小売業の分野での事業展開が難しい市場であるといえる。

製造業での外国資本規制では、中国における自動車業界が例として挙げられる。外国資本の自動車メーカーは、単独での生産（乗用車）が認められておらず、現地企業との合弁が必要になる。中国側の持分が５０％を下回らない水準になることが求められており、持分の観点では、外国資本の企業が、高い経営自由度を持ち事業展開することが難しいといえる。

自動車生産には高い技術力が求められ、後発である中国では、米国、ドイツ、日本を始めとした、先進国へのキャッチアップが課題とされている。そのため、合弁での展開によって、中国側企業の技術力の発展を促進させるという政策的な意図があると考えられる。また、技術力に大きな開きがあるなかでは、中国市場でのシェア獲得という観点でも、外国資本の企業が有利になる可能性がある。そのため、製造と販売の両面において、自国企業を保護するという意図がみられる。中国における自動車業界（乗用車）での規制は、２０２２年に撤廃されることが見込まれている。しかし、規制撤廃後の許認可等の透明性という点については、現時点では明らかではない。

外国資本規制の対象や水準は、保護が必要と考えられる分野に違いがあることから、国によって異なる。多くの日本企業にとって結びつきが強いアジア諸国でも、依然として多くの国で、産業保護目的と捉えられる規制がみられる状況にある（図表５‐３）。

これらの規制は、それぞれの国の経済の発展や、他国との協議によって、徐々に緩和される傾向にある。前項で触れたように、自国産業保護の規制は、特定の国の企業にとって一方的に有利な状況を作り出す可能性がある。そのような状況が続けば、国際的な批判に繋がる恐れがある。

また、規制自体は緩和されたものの、実際の運用上は許認可が下りないなど、実質的に事

図表 5-3：アジア諸国における規制

国名	外国資本に関する規制	外国企業による土地所有
中国	ネガティブリストによる規制 － 出版物の印刷、完成車製造、電気通信業者、市場調査等は持分を制限 － 社会調査、報道機関、書籍・新聞・定期刊行物・映像・電子出版物、テレビ・ラジオ局、番組制作（輸入含む）、映画制作・配給、インターネットニュース情報サービス、オンライン出版・番組視聴サービス等の分野への外商投資は禁止	認められない。ただし、使用権は認められる。
インドネシア	ネガティブリストによる規制 － 製造業は一部分野を除き原則100%出資が可能 － 卸売業は外資上限67% － 小売業はデパート、スーパー、コンビニなどの形態別に、売り場面積によって制限。それぞれ売り場面積が小規模の外資不可	法人は所有権に代わる権利を得て工場の操業が可能。
タイ	－ 外国人事業法により、以下の3種類43業種で外国企業の参入を制限； ①個別理由による禁止（9業種） ②安全保障や文化的要因による禁止（13業種） ③外国企業との競争力不足による禁止（21業種） － 上記に該当しない一般的な製造業は規制対象とされていない	原則として認められない。しかし、投資委員会奨励企業や工業団地などで例外がある。
ベトナム	－ 小売業などでは営業許可証の取得が必要 － 外国投資家は公開株式会社の総株式を最大で49%まで保有可能。投資法または関連法で別途制限が設けられている業種はそれに従う	認められない。ただし、使用権は認められる。

国名	外国資本に関する規制	外国企業による土地所有
マレーシア	− 防衛・エネルギー等の国家権益に関わる事業で30%または49%の制限 − 製造業や流通・サービス業では、一部を除き100%出資が可能 −スーパーやコンビニなどの小売分野では外資が参入ができないか資本規制が存在する分野がある	州当局の許可を得て登記が必要。商業物件や工業用地は現地法人による登記が必要。
フィリピン	ネガティブリストA、 Bによる規制 − A: 憲法および法律により禁止・制限 （禁止）マスメディア、警備保障会社等 （25%以下に制限）雇用斡旋等 （30%以下に制限）広告業 （40%以下に制限）私有地所有、教育機関等 − B: 安全保障、防衛、公衆衛生、公序良俗に対する脅威、中小企業保護の観点での規制 （40%以下に制限）軍事、払込資本金額 20 万米ドル未満の国内市場向け企業等	認められない。
インド	ネガティブリストによる規制 − 銀行業、小売業、製造業、印刷出版業など業種ごとに出資比率上限とガイドラインがある − 単一ブランドの小売業では100%まで出資可能。しかし、出資比率が51%を超える場合は、製品調達額の30%をインド国内で調達することが求められる − 総合（複数ブランド）小売業では政府認可により51%まで可能。しかし、最低投資額1億ドルや製品調達額の30%をインド国内の小規模産業から調達するなどのガイドラインがある	現地法人、支店等であれば取得可能。

注：2020 年 11 月時点の各国の特徴的な規制についてまとめている。
実際の検討にあたっては専門家との確認が必要になる。

出所：ジェトロ HP を参考に筆者作成

業展開が難しい状況が続いているケースもある。そのため、実務においては、対象国の詳細な状況について、事前に現地の状況に精通した専門家などと確認するといった対応が求められる。

（2）土地取得に関する規制

対象国での事業を成功させるうえで、良い立地を確保できるか否かという点は、非常に大きな要素になることが多い。業種によって状況は異なるものの、例えば、小売業では、集客が期待できる立地の確保は、最も重要な要素の一つである。また、工場などの生産拠点についても、港湾や道路といったインフラが整備され、製造した商品を効率的に輸送できるかといった点が重要になる。必要な人材を十分に確保できるかという点も含めて、立地によって、事業展開のしやすさが大きく異なる。

日本国内では、農地などの例外を除いて、原則として自由に土地の売買ができる。立地によって指定された用途での使用が必要であるものの、企業や個人での所有が可能である。一方で、国によっては、土地の所有自体が認められていないケースがある。

例えば、中国やベトナムでは、土地の所有権は国家に帰属している。代わりに、企業などは、土地の使用権を取得する必要がある。使用権は、使用年限が定められており、継続して使用する場合には、更新申請の対応なども必要になると考えられる。

中国の例をみると、工業用地は５０年、商業用地は４０年といった、長期間の使用が認められている状況にある。しかし、設定された使用権を取得した場合には、その残存年数が短ければ、使用期間中に更新が必要になる。更新料の水準などについては不透明な側面があり、また、その時点での国の方針によっては、使用権が問題なく更新されるかが明確ではないという側面もある。

国によっては、例外的に土地の所有が認められるというケースもある。例えば、タイでは、工業団地といった特定の立地のみで、土地の所有が認められている。工業団地は一定の規模で開発されるために、周辺インフラも整備されるといった利点があると考えられる。一方で、候補地が限定されるという制約を受ける可能性がある点などについて、認識しておく必要がある。

特に大規模の事業用地の確保には、事前調査も含めて、相当程度の時間を要することが想定される。また、国によっては、中央や地方政府との、十分な事前調整が必要になる。例えば、新たな生産拠点を設けるケースで、工場が実際に稼働するまでに年単位の時間を要する場合には、製造する商品の需要など、世の中の状況が大きく変わっている可能性がある。そのため、立地の確保については、その土地の利便性に加えて、確保に掛かる時間等についても、重要な要素になると考えられる。

前節でも触れたように、近年では、安全保障上の理由から、一部の土地取得に関する規制を強化する動きがみられる。米国では、法改正によって、軍施設、空港、港などに隣接する土地の売買や賃貸が審査対象として追加されている。日本でも同様の動きがあり、自衛隊や原子力発電所の周辺地の外資による取得制限について、議論されている状況にある。海外においていて事業を展開するうえでは、これらの土地取得に関する規制についても、抑えておく必要がある。

（3）腐敗防止に関する規制

企業が公正に競争するためには、腐敗行為の防止に関するルールの整備についても重要である。腐敗防止への取り組みは国によって差があり、特に新興国において、より大きな課題になっていると考えられる。

特定の企業が、他国の政府要人に対して賄賂を贈ることで、大規模な案件の獲得を試みる可能性がある。仮に、このような行為が、実際に案件獲得に影響することになれば、健全な企業活動を行っている多くの企業が、不利益を被ることになる。この点に関しては、対象国

図表 5-4：腐敗防止に関する規制の影響

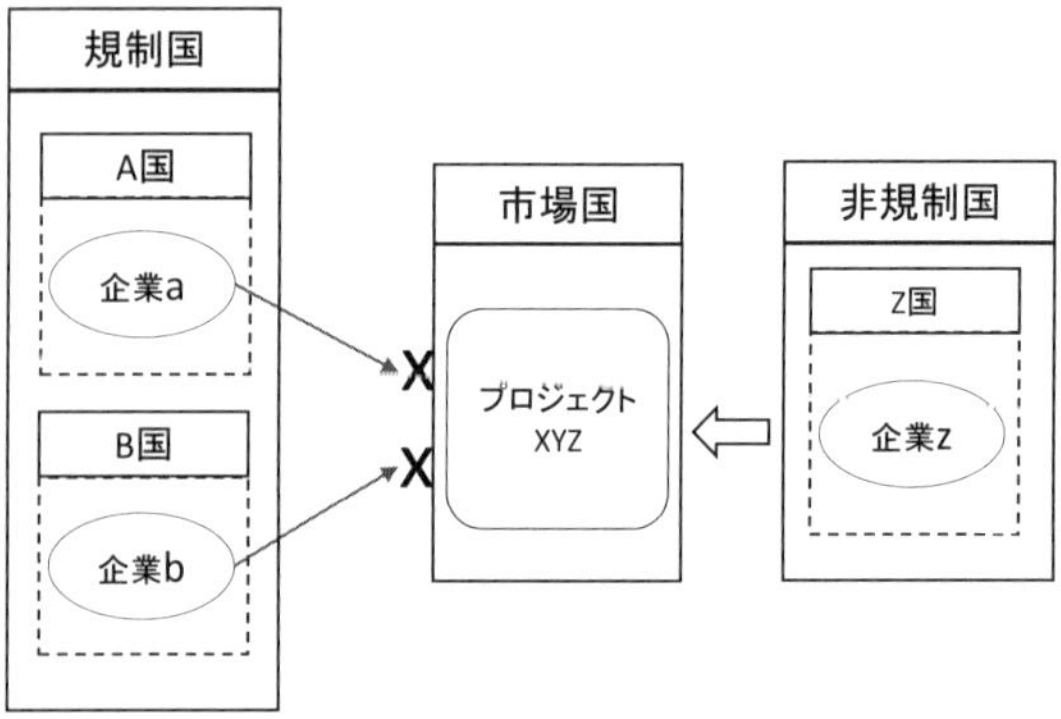

出所：筆者作成

における規制だけではなく、企業が主な拠点を置く国における規制についても抑えておく必要がある。

　例えば、図表5-4にあるように、A国とB国では、腐敗防止に関する厳しい規制を設けている一方で、Z国では、明確な規定が設けられていないというケースを想定してみたい。第三国である市場国で大規模なインフラ関連プロジェクトがある場合に、それぞれのA、B、Z国の企業が入札するというようなケースは、実際に多くあると考えられる。

　厳しい規制があるA国やB国の企業が、仮に市場国政府の要人に対して賄賂を贈った場合には、それぞれの企業が自国の規制に違反することになる。一方で、明確な規制が設けられていないZ国では、自国の規制では罰せられない。そのため、市場国において厳格なルールが存在しない場合には、Z国の企業は、賄賂を贈ることによって、プロジェクトの受注を試みる可能性がある。そのため、A国やB国において、健全な競争環境を作るための目的で設けられた規制が、国を跨ぐ取引では、結果的に自国企業にとって不利に働く可能性がある。公正な競争環境が担保されないことになり、この点に関しては、国際的なルールの強化が求められる分野であるといえる。

日本では、外国公務員贈賄罪によって、外国公務員等に対する贈賄行為が禁止されている。また、一定額を超える現金などの海外への持ち出しや、国内への持ち込みについては、外為法によって規制されている。米国においても、海外腐敗行為防止法（The Foreign Corrupt Practices Act）といった規制が設けられており、海外の政治家や公務員等への賄賂や、それらを提供する約束をすることなどが禁止されている。これらの日本や米国における規制は、OECDの外国公務員贈賄防止条約に沿う形で設けられていると考えられる。当該条約に関しては、一部OECD非加盟国も含めて、2017年10月時点で43の国が締約している。

なお、一般的な社交の範囲内であり、営業上の不正の利益を得ることを目的としていない場合などには、必ずしも腐敗行為とは捉えられないこともある。詳細なルールに関しては国によっても異なり、それぞれ関連する国のルールを抑える必要がある。また、腐敗防止に関しては、それぞれの国で規制が存在するかという点だけではなく、実際に規制が厳格に運用されているか否かという点も重要である。

仮に、現地での腐敗行為に関するリスクが高いと判断される場合には、対象国への進出方法に関する検討が求められる。例えば、単独で事業を展開する場合には、現地での折衝についても、全て独自に行うことが必要になる。他方で、現地の事情に精通している企業と提携して事業を展開する場合には、それらの折衝について、現地の提携先企業に任せるといった対応を取ることができる。そのため、進出方法の選択肢について検討するうえでは、このような腐敗リスクについても、一つの要因として考慮する必要がある。対象国への進出方法については、第7章で詳細に触れることにする。

図表5-5は、国際的な非営利組織であるTransparency Internationalが作成する、各国の腐敗状況に関する指標である。当指標は、それぞれの国の公的部門が、企業の役員や専門家によってどのように認識されているかという点に基づいている。スコアが高いほど透明性が高く腐敗度が低いことを示しており、逆に、スコアが低いほど透明性が低く腐敗度が高い。より制度が整っている先進国が高いスコアを獲得する傾向にあり、デンマーク、フィンランド、スウェーデンなど、上位には欧州の国が多く含まれている。日本については、20番目に位置している。

図表 5-5：Corruption Perceptions Index 2019

	国名	スコア	順位
1	Denmark	87	1
2	New Zealand	87	1
3	Finland	86	3
4	Singapore	85	4
5	Sweden	85	4
6	Switzerland	85	4
7	Norway	84	7
8	Netherlands	82	8
9	Germany	80	9
10	Luxembourg	80	9
11	Iceland	78	11
12	Australia	77	12
13	Austria	77	12
14	Canada	77	12
15	United Kingdom	77	12
16	Hong Kong	76	16
17	Belgium	75	17
18	Estonia	74	18
19	Ireland	74	18
20	Japan	73	20
21	UAE	71	21
22	Uruguay	71	21
23	France	69	23
24	USA	69	23
25	Bhutan	68	25
26	Chile	67	26
27	Seychelles	66	27
28	Taiwan	65	28
29	Bahamas	64	29
30	Barbados	62	30
31	Portugal	62	30
32	Qatar	62	30
33	Spain	62	30
34	Botswana	61	34
35	Brunei Darussalam	60	35
36	Israel	60	35
37	Lithuania	60	35
38	Slovenia	60	35
39	Korea, South	59	39
40	St. Vincent and the Grenadines	59	39
41	Cabo Verde	58	41
42	Cyprus	58	41
43	Poland	58	41
44	Costa Rica	56	44
45	Czech Republic	56	44
46	Georgia	56	44
47	Latvia	56	44
48	Dominica	55	48
49	Saint Lucia	55	48
50	Malta	54	50

主要アジア諸国

53	Malaysia	53	51
81	China	41	80
83	India	41	80
87	Indonesia	40	85
100	Vietnam	37	96
105	Thailand	36	101
116	Philippines	34	113

出所：Transparency International のデータを基に筆者作成

2．税制

（1）法人税等

第3章で触れたように、対象とする市場が、どれだけ経済的に魅力的であるかという点についての分析は欠かせない。関連分野の市場規模が大きく、より多くの商品が販売できれば、企業にとっては売上の増加に繋がる。他方で、利益を上げるためには、売上を増やすことに加えて、コストが低いことも重要である。そのため、コスト面からみた事業環境に関する検討も必要であり、そのなかでも、税コストは重要な検討課題の一つになる。

日本国内では、法人税率が徐々に引き下げられてきている。しかし、他国と比べた場合には、依然として税率が高い水準にある（図表5－6）。法人税率は国によって異なり、利益の水準に直接的に影響することになる。

例えば、トヨタ自動車の2019年3月期の税金等調整前純利益（税引前利益）は、およそ2兆3千億円にものぼる。仮に、この利益に対しての税率が単純に10％下がることを想定すると、純利益レベルで2千億円を超える追加的な利益が出ることになる。そのうちの一定割合は株主還元に充てる必要があると考えられるものの、企業内に留保する部分は、今後の成長に向けて、R＆Dや設備などに再投資することができる。

図表 5-6：各国の法人税率（2019 年）

	国名	法人実効税率		国名	法人実効税率
1	France	32.0	19	Israel	23.0
2	Portugal	31.5	20	Norway	22.0
3	Australia	30.0	21	Turkey	22.0
4	Mexico	30.0	22	Denmark	22.0
5	Germany	29.9	23	Sweden	21.4
6	Japan	29.7	24	Switzerland	21.2
7	Belgium	29.6	25	Slovak Republic	21.0
8	Greece	28.0	26	Iceland	20.0
9	New Zealand	28.0	27	Estonia	20.0
10	Italy	27.8	28	Latvia	20.0
11	Korea	27.5	29	Finland	20.0
12	Canada	26.8	30	Poland	19.0
13	United States	25.9	31	Czech Republic	19.0
14	Spain	25.0	32	Slovenia	19.0
15	Austria	25.0	33	United Kingdom	19.0
16	Chile	25.0	34	Lithuania	15.0
17	Netherlands	25.0	35	Ireland	12.5
18	Luxembourg	24.9	36	Hungary	9.0

出所：OECD のデータを基に筆者作成

図表 5-7：アジア諸国の法人税率

国・地域名	法人税率
インド	43.7
フィリピン	30.0
インドネシア	25.0
中国	25.0
マレーシア	24.0
ベトナム	20.0
タイ	20.0
台湾	20.0
シンガポール	17.0

出所：ジェトロ HP を基に筆者作成

当然ながら、それぞれの企業の事業規模によって、必要な投資水準などは異なる。しかし、一定の金額を継続的に再投資できるか否かは、中長期的な観点でみた企業の競争力に影響を与えることになる。仮に、他の条件が同じであれば、低税率国では再投資に回すことができる利益が大きくなる一方で、高税率国では小さくなる。

また、企業によっては、多くの国で事業展開している場合に、地域ごとに統括会社を置くことがある。例えば、インドネシア、マレーシア、シンガポールなど、複数の東南アジア諸国で事業を展開するケースも多くみられる。そのような場合には、日本から直接それぞれの国の事業を管理するのではなく、一つの国に地域の統括会社を設置することが

図表 5-8：米国各州の法人税率（2020 年）

	State	Rate		State	Rate		State	Rate
1	Alabama	6.5%	18	Louisiana	8.0%	35	Ohio	0.0%
2	Alaska	9.4%	19	Maine	8.9%	36	Oklahoma	6.0%
3	Arizona	4.9%	20	Maryland	8.3%	37	Oregon	7.6%
4	Arkansas	6.5%	21	Massachusetts	8.0%	38	Pennsylvania	10.0%
5	California	8.8%	22	Michigan	6.0%	39	Rhode Island	7.0%
6	Colorado	4.6%	23	Minnesota	9.8%	40	South Carolina	5.0%
7	Connecticut	7.5%	24	Mississippi	5.0%	41	South Dakota	0.0%
8	Delaware	8.7%	25	Missouri	4.0%	42	Tennessee	6.5%
9	Florida	4.5%	26	Montana	6.8%	43	Texas	0.0%
10	Georgia	5.8%	27	Nebraska	7.8%	44	Utah	5.0%
11	Hawaii	6.4%	28	Nevada	0.0%	45	Vermont	8.5%
12	Idaho	6.9%	29	New Hampshire	7.7%	46	Virginia	6.0%
13	Illinois	9.5%	30	New Jersey	10.5%	47	Washington	0.0%
14	Indiana	5.5%	31	New Mexico	5.9%	48	West Virginia	6.5%
15	Iowa	12.0%	32	New York	6.5%	49	Wisconsin	7.9%
16	Kansas	7.0%	33	North Carolina	2.5%	50	Wyoming	0.0%
17	Kentucky	5.0%	34	North Dakota	4.3%	51	D.C.	8.3%

注：一般的な法人税がない州がある。また、法人税以外で「Gross receipts tax」や「Franchise tax」などの形で課税される州がある。また、上記はそれぞれの州の最高税率を示している。
出所：Tax Foundation のデータを基に筆者作成

ある。その際に、現地で安定的に事業を運営できるかという基本的な点に加えて、コストが低いことのメリットも大きく、税率の水準についても重要な要因になる。

税コストについては、対象国内での地域差という観点でも、検討が必要になる。例えば、米国では、法人税は、連邦と州のそれぞれのレベルで課税され、後者については、州によって税率が異なる。比較的税率が高いアイオワ、ニュージャージー、ペンシルベニアは10%以上の水準にある一方で、その半分ほどの州も多くある（図表5-8）。ルール自体に違いがあることもあり、ネバダ、オハイオ、テキサス、ワシントンといった州では、州レベルでの法人税がない代わりに、売上税（Gross Receipts Taxes）といった税金が課される。また、デラウェアやオレゴンのように、法人税に加えて、売上税が導入されている州もある。そのため、対象地域で安定的に事業運営ができるかという点に加えて、地域ごとのコスト面での優位性という点に関する検討も必要になる。

最後に、税率の水準は、国にとっても政策的な観点で難しい課題であるといえる。特に先進国であるほど、インフラや制度の維持にコストが掛かる傾向にある。そのため、国にとっては、税率を高くして、税収を増やしたいというインセンティブがある。一方で、海外からの投資を呼び込むことも、国にとっては重要な課題である。国家間で海外からの投資の呼び込みに関する競争があり、投資を増やすためには、税率を下げて事業環境を良くすることが求められる。そのため、インフラや制度維持のための増税と、事業環境を改善させるための減税との間で、バランスを取ることが求められている。

（2）移転価格税制

グローバルに事業を展開するうえで、国家間でのルールの差が、重要な論点になることが多くある。税金に関する点では、どこの国で利益が出るかということが、重要になることが多い。当然ながら、企業にとっては、出来る限り税コストを下げたいという考えがある。そのため、できる限り税率が低い国で利益を計上して、逆に税率が高い国では、利益を抑えたいというインセンティブが働く。

図表5-9に示すように、例えば、親会社である企業Aと、その完全子会社である企業Zのケースについて考えてみたい。企業Aは、市場規模が大きいA国に拠点がある。一方で、子会社ZはZ国にあり、商品を製造して、全てA国に輸出している。企業Aは、子会社Zが製造した商品を、全てA国内で販売している。A国とZ国の法人税率は、それぞれ30％と20％である。

ここで問題になるのは、企業Zが製造した商品の、親会社Aへの販売価格である。図表5-9にあるシナリオ①では、製造した商品全てを500億円で販売し、シナリオ②では、2倍の1000億円で販売することを想定している。

親会社Aと子会社Zのグループ全体で考えれば、税率が低いZ国で、できる限り多くの利益を上げたいというインセンティブが働く。両シナリオで販売価格のみが異なると仮定した場合には、企業Zによる企業Aへの販売価格を2倍にすれば、それだけZ国での税引前利益が増加する。その結果、それぞれの国での税引前利益の増減分と、両国の税率差である10％

図表 5-9：国家間の税率差の影響

請求増加

（単位：億円）

		A国親会社				Z国子会社		
シナリオ		①	②		シナリオ	①	②	
売上		2,000	2,000			500	1,000	500億円↑
費用		1,200	1,700	500億円↑		400	400	
税引前利益		800	300	500億円↓		100	600	500億円↑
税金	@30%	240	90	150億円↓	@20%	20	120	100億円↑
純利益		560	210	350億円↓		80	480	400億円↑

	グループ全体		
シナリオ	①	②	
税金	260	210	50億円↓
純利益	640	690	50億円↑

出所：筆者作成

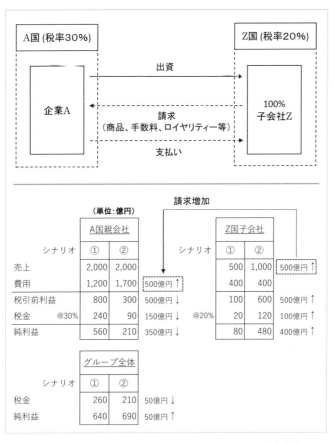

分について、税務上のメリットが生じることになる。親子会社間での自由な価格設定によって、グループ全体でみた場合に、最終的に５０億円もの追加利益が発生することになる。

実際に、企業ＡとＺとの関係のように、他国の子会社で商品を製造して、輸入するといったケースは多くある。それらのケースで自由に利益を移転することができれば、企業の利益の殆どが、低税率国に移転されることになる。そのような恣意的な利益の操作を防止するために、移転価格税制という制度が設けられている。

移転価格税制では、海外の関連企業との取引については、独立した企業間でみられる通常の取引価格で行われたものとみなして、企業の所得を計算して課税することになる。そのため、企業ＡとＺのケースにおいても、シナリオ①の価格が通常の取引価格とみなされた場合には、その価格に基づいて課税されることになる。

このような利益の移転は、商品に限られず、知的財産やサービスなどの無形のモノでも起こる。例えば、知的財産に係るロイヤリティーや、業務のアウトソーシングやコンサルティング等のサービスへの報酬なども該当する。これらの無形のモノについては、一般的な価格水準の判断がより難しいケースがあると考えられる。しかし、関連企業間での価格が明らかに一般的な水準と乖離し、意図的な租税回避と判断された場合には、本来あるべき利益水準で課税される可能性がある。

なお、他国に子会社を設立して商品を製造することや、一部業務を移転してロイヤリティーやサービス手数料が発生すること自体は、事業活動を行うことで一般的なことであるといえる。ここで重要なのは、明らかに恣意的な価格設定を行うのではなく、関連会社間であっても、合理的な価格で取引する必要があるという点を抑えることである。

第６章　文化と環境的要因

商品やサービスよっては、多くの国で人気が出ることがある。一方で、特定の国で人気があっても、他では受け入れられないことも多い。それぞれの国によって価値観が異なることが大きな要因の一つであり、そのような価値観の違いは、文化や環境的要因による影響から生まれていると考えられる。

これらの要因が与える影響については、扱う商品や業界によって大きく異なる。本章では、企業が対象市場に商品を投入する際の選択肢について触れたうえで、スポーツ、メディア・エンターテインメント、食品・飲料、自動車といった業界を例として取り上げ、文化や環境的要因が企業の事業展開に与える影響についてみていく。

１．商品投入の選択肢

対象市場に参入する際に、企業にとっては、どのような形で商品やサービスを投入するかという検討が必要になる。商品やサービスの投入方法については、大きく分けて、次の３つの選択肢があると考えられる。

① 国内で展開する商品・サービスを概ねそのままの形で投入する
② 既にある商品・サービスを対象市場向けに加工・修正して投入する
③ 対象市場向けに新たな商品を開発して投入する

これらの選択肢は、国内市場を中心として考えたものである点には留意する必要がある。仮に、海外市場で既に大規模に展開しており、国内よりも海外の事業規模が大きい場合などには、逆転現象が起こることがある。海外市場向けに商品開発を行い、それがヒットした場合に、国内市場にも投入するというケースである。今後、日本国内で人口減少が進み、それに伴い国内の市場規模が縮小すれば、経営の重点をより海外にシフトする企業がさらに増えることが想定される。そのため、日本企業の商品やサービスであっても、海外市場に投入されたものが、国内市場向けに逆輸入されるケースが多くなる可能性がある。日本企業にとっては、日本国内が母国市場ではあるものの、企業経営の観点からは、多くある市場のなかの一市場という位置付けになる。

これら①から③の選択肢については、商品自体の特徴に加えて、対象市場の特徴についいても考慮したうえで、検討する必要がある。対象市場の特徴に関しては、制度的な観点についても抑える必要があり、ルールに合致しない場合は、対象市場に商品やサービスを投入することができない場合もある。例えば、医薬品などは、その国で承認されなければ、販売することができない。また、欧州では、将来的にディーゼルやガソリンエンジンの車の販売を禁止することを表明している国・地域があり、制度的な要因から、欧州の自動車市場が大きく変わる可能性がある。これらのケースでは、その市場のルールに合致する範囲内で、商品やサービスを投入するという対応が必要になる。

他方で、そのような制度上の制約がない場合には、企業にとって、どのような商品やサービスを投入するかという点に関する選択肢がある。そして、最終的に投入した商品やサービスが受け入れられるか否かは、その国の消費者の価値観による影響を受けることになる。そのような価値観は、対象市場の文化や環境的要因などによって生まれると考えられる。

文化的な要因には、「言語」、「教育」、「宗教」、「人種構成」、「慣習」、「嗜好」などの要素が含まれる。例えば、日本の学校では、英語に触れる機会が一定程度あり、他言語と比べればより身近であるといえる。そのため、英語の記載がある商品等についても、他言語のものよりも馴染みやすい。また、アメリカのように、多くの人種によって構成されている国もある。同じ国であっても、人種間で価値観が大きく異なる可能性があることを考慮する必要がある。

慣習は、規制などのルールではないものの、人々が一般的に行う行為であると捉えられる。例えば、日本では、箸を使い食事をとることが多い一方で、欧米では、フォークが使用されることが多い。そして、嗜好は、希望する性能やデザインなど、人々の好みを反映する要素である。

他方で、環境的な要因は、「立地」、「気候」、「インフラ」などの要素が含まれる。例えば、日本の領土は縦長であり、およそ3分の2が森林に覆われている。南北の気温差が大きく、また、平地以外の部分にも多くの人が住んでおり、立地や気候は人々の生活スタイルに大きな影響を与えている。平地が少なく起伏が大きい地形などは、道路や鉄道などの交通手段にも影響を与えることになる。

対象市場におけるこれらの文化や環境的要因は、消費者が商品を選択するうえでの判断に影響を与えると考えられる。企業は、これらの要因と商品の特徴を照らし合わせて、①から③の選択肢について検討することが求められる。

なお、商品投入の選択肢について検討する際には、対象市場において、競合他社がどのような商品を展開しているかという点についても参考にすることができる。例えば、対象市場で特徴が似ている競合商品が広く普及している場合には、文化や環境という観点で、投入予定の商品が受け入れられる素地があると捉えることができる。しかし、既に有力な競合他社がいることから、競争という観点では、より厳しくなることが想定される。

他方で、類似する商品が無い場合でも、新たな需要が開拓できる可能性もある。特に、近年では、通信技術などが発展したことで、他国の情報に接する機会が飛躍的に増加している。その結果、特定の分野では、他国の文化に関する理解が進み、広い地域で価値観が同質化するといった傾向もみられる。そのため、従来は文化的な観点から海外では受け入れられなかった商品やサービスでも、現時点では、新たな需要の開拓が可能なケースもあると考えられる。

文化や環境的要因が事業に与える影響は分野によって大きく異なり、以降の各項では、4つの異なる業界の例を基にみていくこととする。

2. 特定業界における影響

(1) スポーツおよび関連業界

Plunkett Research 社による推計では、2015年時点の世界のスポーツ関連市場の規模は、およそ1兆5千億ドル（約165兆円）とされている。そのうち、世界最大のスポーツ関連市場である米国の規模は、およそ5千億ドル（約55兆円）に上る。米国のみで、世界のスポーツ関連市場の、およそ3分の1を占める状況にある。

図表 6-1：米国における視聴したいスポーツランキング

	2004年	2008年	2013年	2017年
アメリカンフットボール	37	41	39	37
バスケットボール	13	9	12	11
野球	10	10	14	9
サッカー	2	3	4	7
アイスホッケー	3	4	3	4
オートレース	5	3	2	2
テニス	2	1	3	2
ゴルフ	2	2	2	1
その他・特になし	26	27	21	27
合計	100	100	100	100

単位：パーセント　出所：GALLUP

米国では、多くのスポーツが盛んであり、特に、アメリカンフットボール、バスケットボール、野球といったスポーツの人気は高い（図表６‐１）。これらのスポーツでは、プロフェッショナル・リーグが確立されており、グッズ販売や放映権等も含めて、関連ビジネスの裾野が広い。

一方で、これらの米国で人気が高いスポーツが、他国でも同様に、または、同等に人気があるわけではない。国や地域によって盛んなスポーツは異なり、それぞれのスポーツが発展した歴史的な背景や、何を楽しいと感じるかという人々の嗜好を含めて、価値観の違いがあることが影響していると考えられる。人気スポーツのランキングを公表しているインターネットサイト（biggestglobalsports.com）では、世界で最も人気があるスポーツはサッカーであるとされており、第2位がバスケットボール、第3位にはテニスが入っている。また、野球は6位であり、アメリカで最も人気が高いアメリカンフットボールについては8位とされている。

例えば、ヨーロッパでは、日本や米国で国民的なスポーツである野球は、必ずしも同等の人気を得ていない。発祥国であるイギリスを含めて、ヨーロッパ諸国では、サッカーがより盛んなスポーツである。また、アメリカンフットボールについては、人気が米国に集中している傾向にあり、野球やサッカーのような世界的な人気の広がりをみせていない。いずれのスポーツも、特定の国や地域では大きな市場を築いており、多くの人々を引き付ける魅力があると考えられる。しかし、その中でも、国や地域間で人気に大きな差があり、そのような差は、文化的な背景などから生じていると捉えられる。

特定の国における人々の価値観は、一定程度の時間を掛けて、徐々に変化することがある。スポーツに関しては、国内での主要な国際大会の開催や、プロフェッショナル・リーグの設立などの大きなイベントをきっかけにして、人気が変化することがある。例えば、米国では、1994年にサーカーのワールドカップが実施され、1996年には、現在のプロフェッショナル・リーグが設立されている。その後、時間を掛けて徐々に人気を高めてきており、現在では、米国においても主要なスポーツの一つとして定着してきている。

また、特定の国における価値観の変化は、より大きな社会的な変化に伴って起こることもある。例えば、米国では、徐々に人種構成が変化してきており、2000年時点で人口の3分の2を占めていた白人の割合が、2020年には6割を切ることが想定されている。白人人口自体は増加している一方で、今後も全体に占める割合については、継続的に減少していくことが見込まれている。2045年時点では白人の割合が5割を下回り、代わりに、ヒスパニックと呼ばれる、スペイン語を話す人口が大幅に増加すると予測されている(図表6-2)。アジア系の人口も同様に増えていくことが想定され、米国内の人種構成がより分散されることになる。

異なるバックグラウンドの人口が増加すれば、言語や慣習なども含めて、米国内における価値観がさらに多様化することが見込まれる。それに伴い、同国内でより人気が高いスポーツなども、徐々に変わっていく可能性がある。例えば、ヨーロッパと同様に、中南米でもサッカーの人気が非常に高い。同地域からのヒスパニック系移民が増加し続ければ、米国におけるサッカー人気は、今後もより高まる可能性がある。

スポーツについては、人々の嗜好など、文化的な要因の影響を比較的受けやすい分野であると考えられる。当然ながら、グッズを含む関連ビジネスについても、その国で人気がある

図表6-2　米国における人種別人口の推移予測

		2000	2010	2016	2020	2025	2030	2035	2040	2045	2050	2055	2060
人数（万人）	人口合計	28,142	30,875	32,313	33,264	34,423	35,510	36,486	37,353	38,139	38,892	39,656	40,448
	白人	18,813	19,455	19,797	19,857	19,875	19,799	19,611	19,321	18,967	18,595	18,241	17,916
	ヒスパニック	3,869	4,811	5,053	5,471	6,003	6,546	7,095	7,637	8,158	8,653	9,127	9,585
	黒人/アフリカ系	3,466	3,893	4,300	4,473	4,691	4,901	5,100	5,292	5,481	5,673	5,868	6,069
	ネーティブアメリカン	248	293	406	423	445	466	486	504	520	534	547	558
	アジア系	1,024	1,467	1,832	2,001	2,218	2,439	2,658	2,872	3,081	3,285	3,485	3,682
	ハワイ・その他諸島	40	54	77	81	87	91	96	100	104	107	110	113
	2人種以上のハーフ等	683	901	848	957	1,105	1,267	1,441	1,628	1,829	2,045	2,278	2,526
割合		2000	2010	2016	2020	2025	2030	2035	2040	2045	2050	2055	2060
	白人	66.8%	63.0%	61.3%	59.7%	57.7%	55.8%	53.7%	51.7%	49.7%	47.8%	46.0%	44.3%
	ヒスパニック	13.7%	15.6%	15.6%	16.4%	17.4%	18.4%	19.4%	20.4%	21.4%	22.2%	23.0%	23.7%
	黒人/アフリカ系	12.3%	12.6%	13.3%	13.4%	13.6%	13.8%	14.0%	14.2%	14.4%	14.6%	14.8%	15.0%
	ネーティブアメリカン	0.9%	0.9%	1.3%	1.3%	1.3%	1.3%	1.3%	1.3%	1.4%	1.4%	1.4%	1.4%
	アジア系	3.6%	4.8%	5.7%	6.0%	6.4%	6.9%	7.3%	7.7%	8.1%	8.4%	8.8%	9.1%
	ハワイ・その他諸島	0.1%	0.2%	0.2%	0.2%	0.3%	0.3%	0.3%	0.3%	0.3%	0.3%	0.3%	0.3%
	2人種以上のハーフ等	2.4%	2.9%	2.6%	2.9%	3.2%	3.6%	3.9%	4.4%	4.8%	5.3%	5.7%	6.2%
	合計	100%	100%	100%	100%	100%	100%	100%	100%	100%	100%	100%	100%

出所：US Census, Overview of Race and Hispanic Origin 2010 and 2017 National Population Projectionsを基に筆者作成

スポーツ関連の市場規模が大きくなる可能性が高い。

例えば、特定のスポーツ選手が使用する用具が多く売れることや、人気が高い選手を広告塔として用いて、商品やブランドのイメージ向上を図るといったケースも多くみられる。人気があるスポーツや有名選手を用いてアプローチすることで、特定の消費者層に対して、イメージの強化や改善を図ることに繋がることがある。例えば、バスケットボールの人気が高い国では、依然としてマイケル・ジョーダンが大きな影響力を与える可能性があり、また、日本では、八村塁を広告塔に用いることで、帰属意識に訴えることができる。バスケットボールの人気が低い国や、または、同じ日本人やアジア人といった帰属意識に訴えることが出来ない場所では、これらの選手を積極的に活用して商品をアピールする意味合いは小さくなる。文化的な背景や人々の価値観に訴えることで、関連市場の開拓に繋げるという対応が取られるケースは多くある。

（2）メディア・エンターテインメント業界

Statista社の推計では、２０１８年時点の世界のエンターテインメントおよびメディア関連の市場規模は、およそ2．１兆米ドル（約２２０兆円）とされている。巨大な産業であり、また、スポーツと同様に、文化的な側面が大きく影響する分野であると考えられる。

近年、通信技術の発展によって、他国に関する情報を取得することが、従来よりも飛躍的に容易になっている。また、新興国における所得増加に加えて、格安航空の出現といった要因もあり、世界中の人々が実際に現地を訪問して、他国の文化に接する機会が大幅に増えている。日本国内でも、政策的な後押しもあり、訪日外国人の数が増加傾向にある。日本政府観光局によると、2010年時点の年間の訪日外国人数はおよそ860万人であったものが、2019年には3千万人を超えている。訪日客数が大幅に増えたことで、従来よりも、日本文化について知る人が多くなったといえる。

人々が他国文化に接する機会が増えることで、文化的な背景が反映されているエンターテインメント関連の商品が、従来よりも抵抗なく受け入れられることに繋がる可能性がある。この点は、映画、アニメ、ゲームなどを含めた、エンターテインメント関連の分野に大きな影響を与えると考えられる。

エンターテインメント関連の作品などでは、特定の国や地域に固有の文化的な内容が含まれることが多くある。ただし、そのような文化的な背景が強く反映されると、他文化の一般的な消費者にとっては、理解や共感が難しくなるという側面がある。そのため、世界的に展開することを想定すると、どの様な内容までであれば、他文化の消費者が受け入れられるかといった検討が必要になるケースもある。

例えば、世界的にも知られているスタジオジブリの作品でも、日本の文化を描写するものが多くある。「もののけ姫」をはじめ、八百万の神といった日本的な思想が含まれる作品が複数みられる。しかし、特に欧米圏では、数多くの身近なものに神が宿るという考え方について、感覚的に理解することが難しいといった側面があると考えられる。この点は、「君の名は。」で描かれる日本の都会と田舎の高校生の生活スタイルといった背景や、「ドラえもん」が食べている好物は一体何かといった点なども同様であるといえる。あらかじめ日本文化に関する理解があるか否かで、内容の伝わり方が大きく異なる可能性がある。

文化的な背景が重要な点は、ゲーム業界も同様であり、比較的内容が分かりやすいものもあれば、その国固有の文化についてより深い知識を必要とする内容のものもある。例えば、カプコン社が販売する「モンスター・ハンター・ワールド」については、世界的な人気を得ている。モンスターを狩るという内容については、必ずしも特定の国の文化的な背景に関する理解がなくても、分かりやすい内容だといえる。一方で、コーエーテクモ社が販売する「信長の野望」は、戦国時代の武将がゲームのキャラクターとして多く出ている。日本の歴史的な背景を理解していない場合には、ゲームの内容について、文化的な観点から身近に感じることが難しいといえる。

文化的な背景が異なる市場に商品を投入する際には、特定の文化的な内容が反映された商品が、どの程度受け入れられるかという点に関する検討が求められる。そのような検討を踏まえたうえで、そのままの形で投入するか、部分的に修正するか、または、特定の市場を対象として別の商品を開発するかといった、①から③の商品投入の選択肢に関する検討が必要になる。

例えば、２０１４年に日本でも公開されたウォルト・ディズニー社の「アナと雪の女王」については、世界での興行収入が１２８０百万ドル（約１４００億円）であり、その中でも、日本での興行収入が２５０億円を超える大成功を収めている。当作品では、英語の主題歌だけではなく、日本語を含めた複数言語の主題歌も作られている。作品の内容そのものは変えない一方で、販売戦略の一環として、それぞれの対象市場向けに、商品を部分的に調整していると理解することができる。

（３）食品・飲料業界

食は、それぞれの国の文化の重要な一部であることが多い。また、宗教上の理由などから、国や地域によっては、特定の食品を口にすることができないケースもある。

例えば、ヒンドゥー教では、牛は神聖な動物と捉えられており、インドでは牛肉を食べない人が多い。また、イスラム教では、豚肉を食べることが禁止されている。豚肉をそのままの形で食べないということに限らず、豚肉の成分が含まれる調味料や、豚肉を調理する工程で使用された油などの材料で、他の食材を調理することも認められていない。加えて、国や地域、または、宗派によってルールが異なるケースがあると考えられるものの、イスラム教では、基本的にはアルコール飲料を飲むことも認められていない。例えば、日本や中国などでは、調理にアルコールを使用することが多くある。しかし、そのような調理工程での使用についても、イスラム教では認められないとされている。

食に関して厳格なルールがある国での事業展開を検討するうえでは、当然ながらそれらのルールの順守が大前提となる。商品投入の3つの選択肢のうち、①のそのままの形での商品投入は難しいことが多い。そのため、対象市場で事業展開をする場合には、既存の商品を一部加工するか、または、対象市場向けの商品を新たに開発するといった対応が求められることになる。

なお、この点に関しては、必ずしも日本企業が海外に進出する際に限定される問題では無い。近年では、マレーシアやインドネシアといった、イスラム教徒が多い国からの訪日観光客が増えている。国内の観光業や飲食業においても、事業を拡大するうえで、それらのルールへの対応が課題になっている。

一方で、宗教上は禁止されていないものの、その国の食習慣によって、特定の食品が受け入れられないケースもある。例えば、寿司については、近年では海外でも広く認知されており、人気が高まっている。世界的に健康志向が進み、人々の価値観が変化してきたことなども影響していると考えられる。しかし、現在でも、生の魚介類を食べることに抵抗がある人も多くいる。また、日本国内では、卵についても生で食べる習慣がある一方で、多くの国では、そのような食習慣がない。卵については、出荷時における洗浄・殺菌処理など、国によって流通するまでの処理についての違いもある。仮に、他国で生卵に関連する新たな市場を創出することを考えた場合には、そのような処理や物流の仕組みまで変える必要があると考えられる。それには、相当程度の時間を要する可能性が高く、長期的な観点での対応が必要になるといえる。

その他の国では、例えば、中国では冷たい飲み物を控える習慣があり、また、四川省では辛い料理が好まれることで知られている。加えて、ロシアでは、地理的に寒い地域が多いこともあり、ウォッカといった度数の強いアルコール飲料が好まれている。

これらの食習慣の違いは、対象市場にどのような商品を投入するかという判断をするうえで、大きな影響を与える。商品投入の選択肢について検討する際には、対象市場における競合商品なども踏まえて、投入する商品を決めることがある。例えば、対象市場で人気が高い商品と直接的に競合する類似商品を投入する場合には、当然ながら、他社との競合が厳しくなることが見込まれる。しかし、類似する他社商品に高い人気があるということは、対象市場においても、自社商品についても、一定程度の潜在的な需要があることを示唆している可能性がある。例えば、飲料メーカーが米国や欧州で新たにビールを投入する場合には、現地では、広く流通している既存の競合商品がある。そのため、それらの商品との競合が厳しくなることが想定されるものの、ビールについては、一定の需要があることが分かる。

他方で、対象市場では殆どみられない商品を投入する場合には、最低でも商品を投入する時点では、他社商品との厳しい競争はない。成功すれば新たな需要の掘り起こしに繋がる一方で、当該商品については、十分な需要自体がない可能性がある。例えば、日本食向けの味噌や醤油といった調味料については、当然ながら日本のメーカーが多い。他国市場にこれらの商品を投入する場合に、現地での直接的な競合商品は少ないことが想定される。一方で、これらの調味料は、現地の食文化と馴染まずに、需要自体が少ない可能性がある。しかし、新たな需要の掘り起こしに成功すれば、その市場内で優位なポジションを築くことに繋がると考えられる。例えば、他国での日本食人気が上がれば、それに伴い、日本の調味料についても消費量が増えることが見込まれる。概ねそのままの形で商品を投入しても、対象市場で優位なポジションを築ける可能性がある。

（4）自動車業界

自動車産業は経済全体に与える影響が大きく、特に、日本、ドイツ、米国といった先進国における主要産業の一つになっている。自動車の販売においても、対象市場の嗜好に合うかという点は重要であり、また、インフラなどの環境面についても考慮する必要がある。

例えば、第4章でも触れたように、日本国内では、母国市場の強みを活かし、日本車メーカーが合計で9割超のシェアを占めている。海外メーカーのシェアは一割弱であり、その多くを欧州系のメーカーが占めている。日本では、特に米国メーカーが苦戦している状況にあり、この点に関しては、日米の政府間で、過去に何度も政治的な問題として取り上げられている。

米国メーカーが日本で苦戦する理由として、軽自動車の規格を含めて、日本の自動車業界に関する制度に問題があるといった指摘がされることがある。しかし、ドイツ系のメーカーは一定程度のプレセンスがあり、特にメルセデス、フォルクスワーゲン、BMWなどは、一定層からの人気を得ている。そのため、規制面による影響よりも、消費者のニーズに合致しているかという点に加えて、ブランド力といった要因がより大きな影響を与えていると捉えられる。

消費者のニーズについて考えるうえでは、インフラを含む環境的な要因に関する検討が重

図表 6-3：外国車の車種別販売台数

	車種	2019年 販売台数
1	BMW　ミニ	23,813
2	フォルクスワーゲン・ゴルフ	19,524
3	メルセデス・ベンツ・Cクラス	17,210
4	メルセデス・ベンツ・Aクラス	11,197
5	フォルクスワーゲン・ポロ	10,765
6	BMW・3 シリーズ	10,235
7	ボルボ・40 シリーズ	8,833
8	ボルボ・60 シリーズ	7,560
9	メルセデス・ベンツ・Eクラス	7,285
10	メルセデス・ベンツ・GLC	5,636
11	BMW・2 シリーズ	5,506
12	BMW・X1	5,431
13	フォルクスワーゲン・ティグアン	5,406
14	アウディ・A3　シリーズ	5,198
15	メルセデス・ベンツ・Bクラス	5,068

出所：日本自動車輸入組合（JAIA）のデータを基に筆者作成

要になる。例えば、日本と米国のドライビング環境が異なれば、それぞれの国の消費者のニーズも違う可能性が高い。

日本では、比較的狭い道路が多いことに加えて、多くの住宅では、駐車場も狭いといった事情がある。また、米国と異なり、日本では、原油を海外からの輸入に依存しているため、ガソリンの小売価格が高い水準にある。そのため、特に生活圏内での使用を想定した場合には、比較的小型で、燃費が良い車へのニーズが高いという傾向がみられる。第4章でみたように、国内では軽自動車の販売台数も多く、人気が高い。加えて、欧州系のメーカーについても、日本では小型車の販売台数が多い傾向にある。例えば、2019年の輸入車新車登録台数をみた場合には、BMW傘下のMINIに加えて、フォルクスワーゲンのゴルフやポロといった、比較的小型な車種の販売台数が多い（図表6－3）。

他方で、米国では、都市部を除いて、道路や駐車場などの広さが確保されていることが多い。また、国土が広く移動距離が長いこともあり、大型で排気量の大きい車が好まれる傾向がみられる。さらに、米国では、日本では少ない、ピックアップトラックの人気が高いという特徴もみられる。車種別の販売台数をみても、フォードのFシリーズや、ラムのピックアップ、シボレーのSilveradoといった車種の販売台数が上位を占めている（図表6－4）。

日本と米国のドライビング環境の違いなどを考慮すると、米国メーカーが自国と同じ車種構成で、日本の多くの消費者のニーズに応えることは難しいと考えられる。特に、近年では、米国メーカーは小型セダンなどの車種を減らす傾向にある。より大型で高い利益率が見込めるSUVやピックアップトラックといった分野に、経営資源を集中させる動きがみられる。そのような状況下で、母国市場よりも市場規模が小さい日本市場向けに、新たに小型車を開発して投入するという経営判断は難しい状況にあると考えられる。

図表 6-4：米国における車種別販売台数

	企業名	車種名	2019年 販売台数
1	Ford	F-Series	896,526
2	Ram	Pickup	633,694
3	Chevrolet	Silverado	575,569
4	Toyota	RAV4	448,068
5	Honda	CR-V	384,168
6	Nissan	Rogue	350,447
7	Chevrolet	Equinox	346,049
8	Toyota	Camry	336,978
9	Honda	Civic	325,650
10	Toyota	Corolla	304,850
11	Honda	Accord	267,567
12	Toyota	Tacoma	248,801
13	Jeep	Grand Cherokee	242,969
14	Ford	Escape	241,387
15	Toyota	Highlander	239,437

出所：兵庫三菱自動車販売、goodcarbadcar.net のデータを基に筆者作成

一方で、日本車メーカーについては、米国市場向けに排気量を大きくすることや、車種を開発して投入するといった対応を取っているケースが多い。例えば、ホンダはリッジラインというピックアップトラックを投入しており、また、マツダはCX‐9という大型SUVを米国市場で展開している。現地市場に合った商品投入といった対応が、日本車メーカーが米国市場で4割ほどのシェアを獲得し、成功している要因の一つになっていると考えられる。

3. 事業展開方法への影響

「スポーツ」、「メディア・エンターテインメント」、「食品・飲料」、「自動車」という各業界を例にみてきたように、対象市場における文化や環境的要因によって、事業展開の方法を変える必要性が生じることがある。文化的要因には「言語」、「教育」、「宗教」、「人種構成」、「慣習」、「嗜好」など、また、環境的要因には「立地」、「気候」、「インフラ」などの要素が含まれ、業界によってどの要素がより大きく影響するかという点は異なる。

商品投入について、どの選択肢を実行するかという点に関する検討は、いずれの業界でも必要になると考えられる。検討の結果、現地ニーズに合わせた方が良い結果に繋がると考えられるケースは多くある。一方で、概ねそのままの形で商品を投入する形で、優位なポジションを築くことに繋げられるケースもある。

一般的には、それぞれの市場に合わせて商品を修正することや、新たに商品を開発して投入する場合には、より多くのコストが掛かる。生産面でも、商品を統一した方が、生産の効率性が高まることが多いと考えられる。企業は、そのようなコスト面での検討と、現地での需要開拓の可能性に関する検討を踏まえたうえで、展開方法について判断することが求められる。

文化や環境的な要因は、対象市場進出後の事業展開のみではなく、進出するか否かという判断にも影響を与える。自国と対象国の特徴が大きく異なり、既存の事業を大幅に修正する形での事業展開が求められる場合には、コストが掛かり、リスクが高まることに繋がる。そのような場合には、対象市場への経営資源の配分について、合理的ではないと判断される可能性がある。

第7章　進出方法

1．持分割合別にみた進出方法

対象国への進出方法については、資本の持分割合に沿って考えると分かりやすい。企業にとっては、持分割合が0％から100％まで選択肢があり、割合に応じて、現地組織への関与の程度やコントロールの仕方が変わってくる。一般的には、持分割合が高いほど関与が深まり、強いコントロールが可能になると考えられる。

完全な独自展開を図る場合には、現地に100％子会社を設立して、事業を展開することになる。このような独自路線での事業展開を、グリーンフィールド投資と呼ぶ。一方で、現地での会社設立や現地企業への投資といった資本異動や株式の取得を伴わない、非資本取引での展開もある。非資本取引は、資本関係のない提携などの手段を通じて、間接的に対象市場に進出することを指している。そして、これらグリーンフィールド投資と非資本取引の間に、買収、資本・業務提携、または、ジョイント・ベンチャー（JV）といった進出方法がある（図表7－1）。

図表 7-1：持分割合・コントロールと進出方法

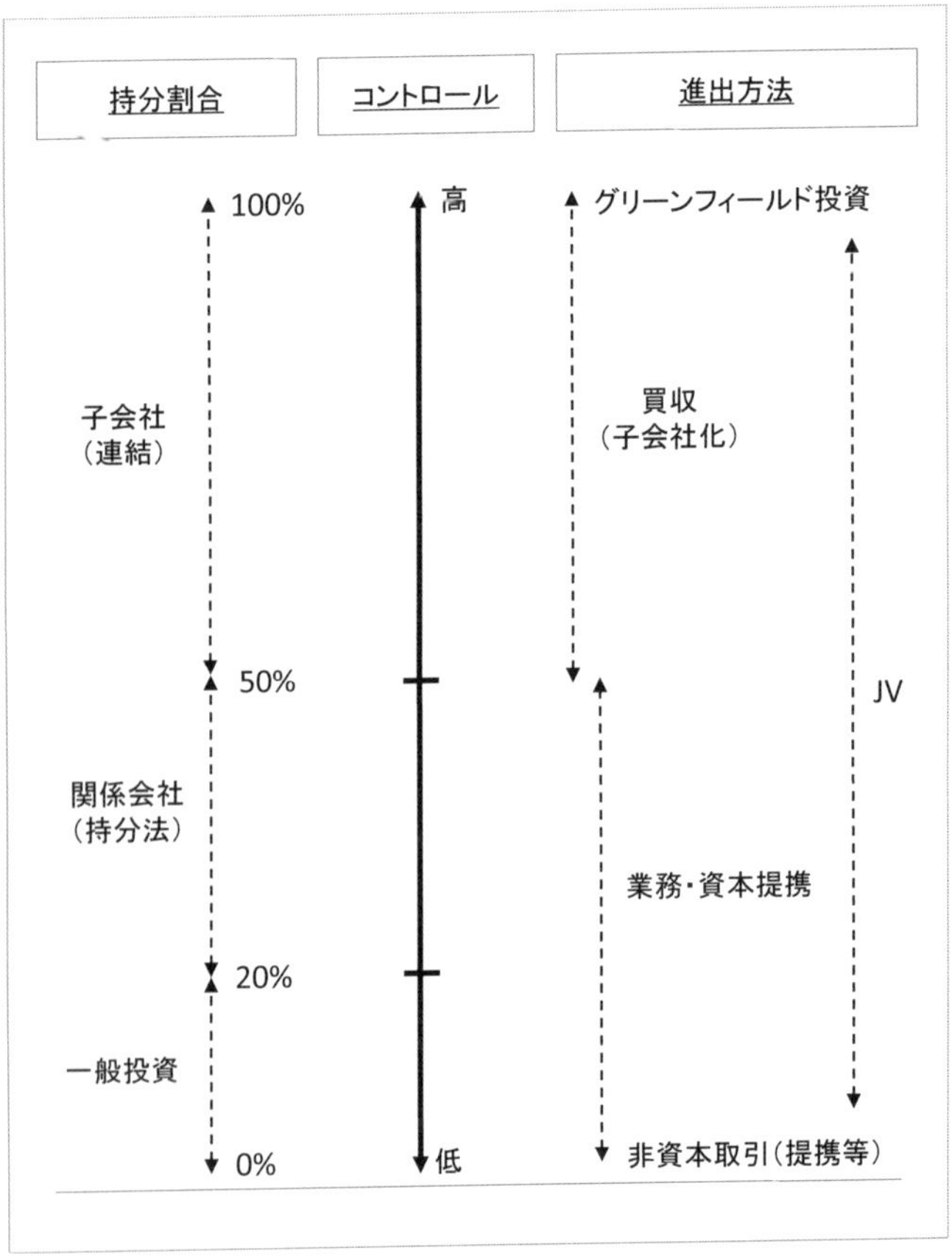

出所：筆者作成

各進出方法には、それぞれメリットと課題があり、どの手法が絶対的に優れているといったものではない。企業の戦略に照らし合わせて、また、これまでの章で触れたそれぞれの論点などを総合的に勘案したうえで、どの方法が適しているかについての検討が求められる。また、特定の方法のメリットは、他の方法の課題であるケースが多い。それぞれの方法がトレード・オフの関係にあるという点について抑える必要があり、他の方法との比較の観点で検討することが重要である。

本章では、以降の各項において、①グリーンフィールド投資、②買収、③資本・業務提携、④JV、⑤非資本取引という5つの方法の特徴についてみていく。なお、図表7-1では、これらの分類方法は持分割合に応じて分けられている。しかし、実務では、対象企業への影響力によって、子会社か関係会社かの扱いなどが変わるケースがある。本書では、20%と50%の水準でそれぞれ分類しているものの、分類方法が異なることがある点について留意する必要がある。

2. グリーンフィールド投資

(1) グリーンフィールド投資のメリット

既存企業の買収や他企業との提携を通じて事業拡大することを、インオーガニック成長という。他方で、その企業が保有する内部資源を用いて、独自に事業拡大を図ることをオーガニック成長と呼ぶ。そして、グローバルに事業展開する際に、対象市場で現地法人や生産設備などを設けてオーガニック成長を図ることを、グリーンフィールド投資という。

グリーンフィールド投資には、3つの大きなメリットがあると考えられる。1つ目は、その企業独自のやり方や、経営判断における自由度を最大限維持することができる点である。例えば、対象国への進出時や、進出後の事業拡大においても、投資の規模やタイミングは、対象市場における需要やリスクに関する評価に基づき判断される。当然ながら、企業によって、そのような評価は異なることが多くある。他社と共に展開する場合には、関係者間での意見の調整が必要になる。投資に関する判断は、大きな損失を負うことに繋がる恐れがあり、完全な意見の一致が容易ではないケースもある。また、そのような調整には、相当程度の時間や労力が掛かることが想定される。グリーンフィールド投資では、自社内での意思決定によって物事を進めることができ、現地での事業展開に関する強いコントロールを持つことになる。

加えて、人材の配置や扱う商品の仕様など、実際の事業運営における自由度も高く、グリーンフィールド投資では、企業の基本的なやり方を維持した形での展開が可能になる。また、事業が当初の想定とは大きく異なる状況に陥った場合にも、独自判断での軌道修正ができる。

なお、第6章で触れたように、対象国の文化や環境的要因に合わせて商品やサービスを投入する必要があるケースがある。そのような現地ニーズへの調整と、他企業との調整という論点については、分けて考える必要がある。

グリーンフィールド投資を選択する2つ目のメリットは、企業が保有する技術やノウハウ等の維持という点にある。重要な情報や知識の外部との共有機会が限られるため、グリーンフィールド投資では、これらの流出に関するリスクが、他の手法よりも低いと考えられる。特に、製造業では、知的財産で保護されていない研究開発段階の知識や、高品質な商品の製造方法に加えて、効率的な商品製造が可能な生産体制などに関する情報の流出リスクがある。また、ＩＴの分野でも、セキュリティーに関する情報に加えて、ＩＴ技術の活用方法に関するアイデアなどについても、流出した際のリスクが大きいといえる。これらの分野以外でも、例えば特定の顧客に関する情報の共有などは、事業運営に大きな影響を与える。

莫大なコストを掛けて開発した技術や、長い時間を掛けて築いたノウハウに関する情報が流出すれば、企業の競争力低下に直結する恐れがある。グリーンフィールド投資では、これらの点について、提携先などとの詳細な情報共有が少ないという観点で、リスクが低い傾向にある。なお、グリーンフィールド投資においても、企業内の従業員などから情報が漏れるリスクはあり、厳格な管理体制の構築が必要なこと自体は変わらない。

最後に、グリーンフィールド投資に関する3つ目のメリットは、事業が成功した場合に、リターン（収益）を最大化できるという点である。事業を展開するうえで、また、安定的に事業を継続させるために、十分なリターンを確保することが求められる。他手法では、株式の持分割合や契約上定められた条件などに応じて、関係者間で利益が配分されることになる。グリーンフィールド投資では、投資の判断やタイミング、または、投資後の独自での事業運営などを通じて全てのリスクを負うことで、リターンの最大化を図ることが可能になると考えられる。

（2）グリーンフィールド投資に関する課題と制約

グリーンフィールド投資には明確なメリットがある一方で、幾つかの大きな課題や制約がある。はじめに、第5章で触れたように、国によっては、外国資本に対する規制が設けられている。新興国においてより多くみられる傾向にあり、そのようなケースでは、外国資本が一定割合以上の持分を持つことが禁止されている。例えば、中国の自動車業界の例を挙げたように、現地での完成車生産について、現状では外国資本の企業が完全に独自で展開することが認められていない。そのような規制が存在する場合には、グリーンフィールド投資による独自展開は、進出方法の選択肢から除外されることになる。そのため、外国資本規制が設けられている分野で対象国に進出する場合には、必然的に現地のパートナー企業を見つけることが求められる。

次に、グリーンフィールド投資では、企業が自前の経営資源を活用することを前提としているため、一般的により多くの経営資源を割く必要がある。第1章で触れたように、経営資源には、カネだけではなく、ヒトやモノも含まれる。企業が抱える経営資源には限りがあり、例えば、一つの事業に対して多くの人材を投入すれば、他の事業ではそれらの人材を活用できなくなる。企業には、経営資源を効率的に活用することが求められており、多くのプロジェクトを抱えている場合には、経営資源の活用方法についての選択が必要になる。グリーンフィールド投資でより多くの経営資源を投入すれば、その投資に関するリスクを負うことに加えて、使用する経営資源を他のプロジェクトへ配分ができなくなるという、経営資源に関する制約がある。

最後に、グリーンフィールド投資における大きな課題は、事業が成熟するまでに相当程度の時間を要するという点である。対象国で全て独自に展開することになれば、現地でのオフイスや工場用地の確保に加えて、有能な人材を十分な人数採用する必要がある。また、安定的に事業を運営するために、材料やサービスを供給する業者の確保が必要なことに加えて、商品販売ネットワークの構築など、短期間で確立することが難しいことが多くある。特に、生産拠点を設けるのみではなく、販売面も含めて現地市場を開拓する場合には、長期的な観点での対応が必要になると考えられる。

近年では、通信・運輸分野における技術的な発展などもあり、従来よりも事業環境の変化が速まっている傾向がみられる。そのような状況下で、企業にとって長期的な計画を立てることが難しくなっている側面があり、時間という要素の重要性が増していると考えられる。例えば、既に一定数の顧客企業が対象国で事業展開しているケースでは、対象国への進出に掛かる時間の短縮やリスクの軽減に繋がる。事業の特徴に加えて、そのようなプラスに作用する要素の有無などについて整理したうえで、グリーンフィールド投資が最適な選択肢であるかについての検討が必要になる。

（3）グリーンフィールド投資の事例

日本企業によるグリーンフィールド投資では、近年、日本食が世界的に受け入れられているといった背景をなどもあり、飲食チェーンでの事例がある。例えば、くら寿司では、2009年に米国での1号店を出店し、その後現地での展開を拡大している。2019年には、現地子会社がナスダック・グローバルマーケット市場に上場したことで、持分の一部が外部に売却されている。また、立ち食いスタイルのステーキチェーン店を中心に運営するいきなりステーキ（ペッパーフードサービス）についても、現地１００％子会社を通じて、２０１７年にニューヨークで1号店を出店している。その後短期間での大幅な拡大を試みたものの、現地での需要を十分に掴めなかったことなどから、２０２０年には撤退することとなった。

3．買収

（1）買収のメリット

買収は、他の既存企業の議決権がある株式の過半数を取得することで、当該企業の経営権を獲得する行為である。企業の役員の選任および解任については、株主総会の普通決議が必要とされる。議決権の過半数の取得により、普通決議が求められる議案を可決することができるため、対象企業を実質的にコントロールすることができる。なお、対象企業の株式の半数未満を保有する場合であっても、一定数の議決権を保有し、かつ、役員を派遣するなど、他の手段と併せて実質的に支配力を保持するケースもある。そのようなケースでも、実務では子会社として含まれることがある。本書では、論点を分かりやすくする目的で、過半数を取得した場合を想定して、議論を進める。

買収では、対象企業の株式を全て取得して、完全子会社化するケースがある。１００％の持分を保有することになり、グリーンフィールド投資と同様に、現地での事業運営に関して強いコントロールを持つことになる。一方で、これら2つの手法では大きく異なる点もあり、グリーンフィールド投資と比べて、買収には、主に2つの大きなメリットがあると考えられる。

1つ目のメリットは、買収では、企業が自社内で保有していない経営資源を獲得することができる点である。企業は、買収によって、対象企業が抱える商品、生産設備、技術力、人材、ノウハウ、販売ネットワークなどを獲得することができる。例えば、自社には無い商品を獲得することで、顧客に対して、より幅広い商品ラインアップを提供することが可能になる。また、人材や技術力の獲得によって、自社の保有するものと併せて、新たな商品の開発なども可能になる。現地でのノウハウや販売ネットワークは、事業を成功させるうえで最も重要な要因の一つになる。既に確立した事業を展開する企業を買収することで、それらを獲得することができる。買収では、独自展開では難しいと考えられる経営資源の獲得が可能であり、この点は、グリーンフィールド投資と比較した際の非常に大きなメリットであるといえる。

また、買収による2つ目のメリットは、事業展開のスピードにある。例えば、既存の企業を買収した場合と比べて、独自展開を行った場合でも、同等のレベルの商品、生産設備、技術力、人材、ノウハウ、販売ネットワークなどを構築できる可能性がある。しかし、始めから完全に独自で展開する場合には、それらを獲得するまでに、大幅に長い時間が掛かる。そのため、既存企業を買収することは、事業を確立するまでに掛かる時間を買うといった側面がある。

業界によっては、比較的短期間で、競争環境が大きく変わることがある。そのような業界では、事業を成功に導くうえで、事業展開のスピードが特に重要な要因になる可能性がある。例えば、医薬品業界では、新薬の開発に関する厳しい競争がある。研究開発に成功して、最終的な承認がおりれば、大きな収益を生む可能性がある。特定の企業にとって新たな分野での新薬開発は、人材や技術力などについて、自社内で十分な経営資源が無いケースも多くある。一から社内の経営資源のみを用いて体制を整えれば、当然ながら相当程度の時間が必要になる。その間に他社に先を越される可能性があり、開発競争において、時間は重要な要素であるといえる。その分野で既に一定の知識や技術力を有する企業を買収する方が、事業展開のスピードという観点では有利になることが多い。

最後に、持分割合の水準によっても状況が異なるものの、買収においても、現地での事業展開に関して強いコントロールを持つことになる。この点は、グリーンフィールド投資と同様であり、進出方法を検討するうえで重要な点になる。

（2）買収に関する課題や制約

自社には無い経営資源を獲得できることや、事業展開のスピードが早いことは、企業にとっては非常に大きなメリットであるといえる。一方で、買収を実行するうえでの大きな課題や制約もあり、①買収価格が高くなる、②買収対象が限られる、③規制面での制約を受ける、④統合プロセスが煩雑であるといった点が挙げられる。

はじめに、非常に多くのケースで、買収価格の水準が問題になる。当然ながら、売手側にとっては、できる限り高い価格で売却したいというインセンティブが働く。特に、高い技術力やノウハウを持っている企業や、強い販売ネットワークを有する企業であれば、買収したいと考える企業は多くある。そのため、それらの魅力的な買収対象については、買手側が競う形になり、その結果、買収価格が高騰することになる。仮に、対象企業が魅力的な技術などを持つ場合でも、それに見合う価値以上の対価を支払うことになれば、買収が失敗に終わる可能性が高まる。

この点は、企業にとって難しい問題であり、仮に対象企業を買収しない場合には、有力な競合他社がその企業を買収する可能性がある。その場合には、業界内でのシェアという観点などから、それぞれの企業のポジションが大きく変わる可能性がある。そのため、比較的割高な価格で、企業が買収されるといったケースもみられる。その結果、買収後に、支払った対価に見合う十分な利益が上げられず、関連資産の減損などの形で、大きな損失が計上されるケースが多くある。

続いて、買収では、候補となる対象が限られることも、大きな制約であるといえる。特に、有力な事業を抱えていて業績が良い企業については、積極的に売却されることが少ない傾向にある。そのため、企業が対象国への進出や、対象国での事業拡大を考えるタイミングで、期待する買収対象が現れるとは限らない。対象国によっては、特定の業界の集約が進んでいるケースや、または、十分に発展しておらず、対象となる企業が少ないというケースも多くある。

また、対象国によっては、外国資本規制の影響を受けることもある。この点はグリーンフィールド投資と同様であり、特定の分野で規制がある国では、現地企業の買収による参入や事業拡大が認められない。加えて、買収では、独占禁止法・競争法に該当する可能性があるという点も理解しておく必要がある。買収後のグループ全体でみて、業界内で一定程度の市場シェアを握ることになる場合には、各国の関係当局による審査が必要になる。この点は、対象国のみに限らず、買収企業と被買収企業の両社が事業展開する第三国についても同様である。そのため、大規模な買収案件であれば、多くの国での審査が必要になり、審査結果が出るまでに相当程度の時間を要することがある。また、そのままの形では審査が通らない場合などには、一部の事業を売却するといった対応が必要になるケースもある。

最後に、買収では、対象企業の経営権を握るため、現地での事業展開について強いコントロールを持つことになる。この点は、グリーンフィールド投資と同様である一方で、買収では、それまでに築かれた企業文化や物事の進め方などがある。そのため、買収後に両社が協業できる体制を構築するまでの統合プロセスは、非常に煩雑になることが多くある。例えば、財務報告の体制に加えて、製造や販売方法などの事業面においても、一部業務の進め方を買収後に変更する必要があることも多い。買手側が考える運営方法を、被買収会社がスムーズに実行できないことなどもある。そのため、買収自体が実現した場合でも、想定した協業メリットが得られないという可能性がある。買収後の統合がスムーズに進むか否かについては、買手側企業のマネジメント能力によっても、結果が大きく異なると考えられる。現地の状況等を理解して、買収後の組織運営ができるマネジメントの確保は、買収を成功に導くうえでの重要な要素になる。

（3）買収の事例

近年では、日本企業による外国企業の買収案件で、世界的にみても大規模な案件が出てきている。例えば、２０１８年には、アイルランドの医薬品大手であるシャイアー社を、武田薬品工業が６兆円（約４６０億ポンド）を超える価格で買収している。また、２０１６年には、イギリスの半導体設計会社のアーム社を、ソフトバンクが約３．３兆円（約２４０億ポンド）で買収している。その後、２０２０年９月には、ソフトバンクは同社を最大で約４．２兆円（４００億米ドル）の価格で、米ＮＶＩＤＩＡ社に売却することを公表している。売却額には、アーム社の業績が一定水準に達した場合にアーンアウトとして支払われる、最大５０億米ドルの対価が含まれている。

これらのような大規模な買収案件ほど企業全体への影響が大きくなり、マネジメントによる決断力が求められる。武田薬品工業では、代表取締役が外国人であることに加えて、トップマネジメントにも外国人が多くいる。また、ソフトバンクについては、創業者が代表取締役である。これらの大規模案件が実行された背景には、トップの決断力が大きく影響していると考えられる。

なお、大型の買収案件が実行された際には、連鎖的に一部事業の売却などが起きることがある。買収後に、ノンコア（非中核）事業・資産を売却することで、多額の買収資金の負担の一部軽減を図る目的がある。

4．資本業務提携

（1）資本業務提携のメリット

対象企業の株式の一部を保有して、業務上も提携関係を結ぶケースを、資本業務提携と呼ぶ。買収との大きな違いは、資本業務提携では、対象企業の株式を保有するものの、経営権は持たない点である。なお、資本業務提携は、単純に対象企業の株式を保有するだけではなく、業務上も協業するなどの提携関係があるケースを指している。例えば、株式市場で対象企業の少数の持分を取得するだけでは、対象企業との提携関係がないため、単純な一般投資に留まる。

資本業務提携は、大きく２つに分類できる。一つは議決権の２０％を超える水準を保有するなど、対象会社に対して、一定程度の重要な影響を与えることができるケースである。そして、もう一つは、一定数の株式を取得するものの、株式保有という観点では、対象企業の経営に大きな影響力を持たないケースである。

資本業務提携における大きなメリットは、自社にはない他社の経営資源を活用しつつ、比較的リスクを抑えられる点である。グリーンフィールド投資では、自社の経営資源を活用して、新たな市場を開拓することを前提としている。また、買収では、大きな買収対価を払い、対象企業の経営権を獲得することになる。そのため、これらの方法では、期待通りの結果が得られない場合には、リスクの全て、または、大部分を負うことになる。一方で、資本業務提携では、持分の高低によって対象企業への影響力が異なるものの、投資側と被投資側の企業は、基本的にそれぞれが独立した企業として運営される形が維持される。投資側の観点からは、被投資側企業の経営権までは握らず、仮に失敗した時のリスクは、保有する対象企業の持分までに限定される。そのため、グリーンフィールド投資や買収と比較して、リスクが抑えられる傾向にある。

加えて、資本業務提携のメリットは、買収と比較した際の、実行のしやすさという点にもある。被投資企業にとっては、過半数の株式を取得され経営権を握られるよりも、資本業務提携の方が受け入れやすいというケースが多くある。また、外国資本規制がある場合などでも、一定程度の株式の保有が認められていることがある。そのため、買収よりも、対象となる企業の選択肢が多い傾向にある。さらに、資本業務提携では、一定割合の株式を保有するため、資本関係がないシンプルな提携と比較した場合に、両社の関係が強くなるという点もメリットとして挙げられる。

なお、資本業務提携では、一方の企業のみが対象企業株式を保有する場合と、両社が互いに一定数の株式を持ち合う場合の両方のケースがある。仮に、一方の企業のみが投資する場合であっても、被投資企業にも、投資側企業の経営資源を活用できるメリットがあるという点については抑えておく必要がある。例えば、投資側企業に対して株式を発行して割り当てる場合には、被投資企業は、割り当てにより得られた資金を、事業強化に活用することができる。また、業務提携によって、投資側企業が展開する商品を扱うことや、提供された技術やノウハウを活用するといったケースも考えられる。そのため、資本業務提携では、両社にとってメリットがある関係を築くことが可能である。

（2）資本業務提携に関する課題や制約

資本業務提携における課題は、両社間での協業の進め方という点にある。資本業務提携を締結している場合でも、両社とも独立した組織であり、それぞれが自社にとって最善と考える意思決定を行うことになる。グリーンフィールド投資や、買収により経営権を取得した場合と違い、利害の対立が起こりやすいといえる。そのため、両社間での調整等により多くの時間や労力が掛かることが想定される。

例えば、重要な情報や技術、または、事業上のノウハウなどについても、どこまで両社間で共有するかという点が問題になる。投資側の企業にとっては、経営権を取得していない企業に対して、重要な技術等の供与は難しいことが多くある。他方で、被投資企業についても、経営権を持たない企業に対して、現地での事業ノウハウ等を含めて、全てを提供することは難しい。そのため、協業によるメリットを得るという点と、独立した企業としてそれぞれの企業の独自の戦略を実行するという点との間で、バランスと取ることが求められる。

また、資本業務提携締結後に、業界内における事業環境が大きく変わる可能性がある。そのような場合にも、協業に対するそれぞれの企業のスタンスが変わる可能性があり、両社間での協議と調整が必要になる。利害が大きく異なることとなった場合には、資本業務提携を解消するという点についての協議が必要になる。

最後に、資本業務提携では、例えば、買収と比べてリスクが抑えられる一方で、成功した際に得られるリターンについても抑えられる傾向にある。被投資企業からのリターンについては、一般的には持分割合に応じて得られることになる。

（3）資本業務提携の事例

金融の分野では、投資側企業と被投資企業の双方に大きなメリットがあり、資本業務提携が活用されるケースが多くみられる。一定規模の金融機関が破綻した場合には、経済全体に与える影響が大きくなる。そのため、国際的に活動する銀行に適用されるバーゼル規制などによって、金融機関に対して、自己資本を一定水準以上に保つことが要求されている。金融の分野では資本増強を行うニーズが高く、被投資企業にとって、資本業務提携を行う大きなメリットがある。

他方で、それぞれの国の当局への報告基準や関連規制などに順守しながら、一から融資先を開拓して、一定の事業規模を築くことは容易ではない。そのため、現地企業との資本業務提携を通じて対象市場にアクセスすることは、投資側企業にとってもメリットがある。そのため、資本業務提携は、金融の分野において有効な手段の一つになっている。

資本業務提携については、２００８年に、三菱ＵＦＪＦＧが、米モルガン・スタンレーに出資したケースがある。リーマン・ブラザーズが破綻したことで起きた金融不安により、モルガン・スタンレー側には、強い資本増強のニーズがあった。一方で、三菱ＵＦＪＦＧにとっては、投資銀行業界で世界的に展開するモルガン・スタンレーに出資することで、同分野における事業強化の機会を得ている。２０１０年には、両社は日本国内における証券事業を統合している。

また、三菱ＵＦＪＦＧは、ベトナム、インドネシア、フィリピンにおいて、それぞれ現地の銀行と資本業務提携を締結している。他の大手行も新興国で同様の展開を行っており、三井住友ＦＧはベトナムやカンボジア、みずほフィナンシャルグループについてもベトナムやタイなどで、現地企業との資本業務提携を締結している。

5. ジョイント・ベンチャー(JV)

(1) JVのJVメリット

JVとは、2つ以上の企業が、特定の事業を目的として、共同で事業を展開することを指している。特定の領域や地域での事業を対象としていることもあれば、期間が決まっているプロジェクトベースの事業で用いられることもある。

一般的に、JVでは、関与する企業がそれぞれ出資して、新たな会社を設立することになる。例えば、2社が関与している場合に、それぞれの企業の持分が50/50のイコールのケースもあれば、60/40のように、一方の企業がより多く保有することもある。JVを活用するケースでも、企業が過半数の持分を持つことになれば、一般的には子会社として扱うことになる。一方で、仮に両社が50/50の持分を持ち合う場合には、それぞれの企業が関係会社として扱うケースが多い。

JVを活用するメリットは、関与する企業が、それぞれの得意とする分野の経営資源を持ち寄り、共同で事業に取り組むことができる点である。また、複数の企業で連携して取り組むことで、各企業の負担やリスクを軽減することに繋がる。

グリーンフィールド投資のように、一つの企業が全て単独で展開する場合には、人材を含めて、企業内で保有する多くの経営資源を割く必要がある。また、特定分野の技術力や、現地でのネットワークなどを含めて、一つの企業だけでは、十分な経営資源がないというケースも多い。ＪＶでは、参加する企業が、他の参加企業が持たない経営資源を補い合う形で、事業を展開することができる。

また、対象国で外国資本規制がある場合には、現地企業とのＪＶなどでの参入が必要になることがある。そのため、現地のパートナー企業が持つ同国市場へのアクセスという点についても、当該企業が提供する経営資源の一部であると捉えることができる。現地政府との折衝などについても、現地のパートナー企業に任せた方が、コミュニケーションがスムーズに進むことがある。国によっては、一定の規制やルールは存在するものの、実際の許認可等の判断基準が不明確なことがある。そのようなケースでは、規制やルール以外の点も含めて、現地の事情を十分に理解して対応することが求められ、現地企業とのＪＶが有力な選択肢になることがある。

最後に、ＪＶでは、特定の事業を目的としているため、初期段階での他社との協議がしやすいというメリットがある。買収や資本業務提携では、企業間での直接的な資本のやり取りがあり、投資を受け入れる企業の経営全体への影響がある。そのため、投資の受け入れについて消極的な企業も多い。ＪＶでは、それぞれの企業の経営の自由度を保ちつつ、特定の事業に限定して、共同で事業を展開することができる。

（2）ＪＶに関する課題や制約

ＪＶに関する課題は、パートナー企業の選定や、関係者間での意見の調整という点である。前者については、十分な経営資源を保有しており、また、その資源をＪＶに対して提供することができるパートナー企業の特定が問題になる。ＪＶでは、経営資源を提供する企業間で直接的な資本関係を結ぶのではなく、特定の事業だけを対象に協業することになる。そのため、例えば、資本業務提携と比較した場合にも、両社間の直接的な結び付きが弱い傾向にある。そのような状況で、それぞれの企業が、重要な経営資源をどれだけ積極的に提供するかという点が問題になる。一般的には、両社間の協力を強化することで、ＪＶが成功に繋がる可能性が高まると考えられる。一方で、企業にとって、協力を強化して重要な技術やノウハウを提供すれば、それらに関する情報が外部に漏洩する可能性も高くなる。パートナー企業間での直接的な資本関係がないなかで、ＪＶを実行するうえでは、両社間の信頼関係が非常に重要になる。そのような信頼関係を築くことができるパートナー企業の特定や選定が、ＪＶにおける大きな課題になる。

また、ＪＶを運営するうえで、関係者間での調整が必要な点が多いことも課題として挙げられる。事業を始める段階の計画については合意できた場合でも、その後の経過と共に状況が変わるなかで、継続的にパートナー企業との調整が必要になる。例えば、計画が遅延した場合の対応や、追加投資が必要になった場合などに、それぞれの追加負担について簡単には合意できないケースもある。また、期待通りの利益を上げられない場合に、どの時点で事業を中止するかという判断についても、両社の考えが一致しない可能性がある。グリーンフィールド投資では、そのような他社との調整や合意は必要なく、自社にとってより良いと考えられる判断について、自社のタイミングで実効することができる。ＪＶでは、関係者間での継続的な意見や利害の調整が求められ、それらに多くの時間や労力を掛けて対応することが必要になる。

（3）ＪＶの事例

総合商社では、海外でのプロジェクトにおいて、ＪＶを活用していることが多くある。例えば、住友商事は、ベトナムの都市開発に関するプロジェクトで、現地大手企業グループとのＪＶを設立している。当該ＪＶは、首都ハノイでの、大規模なスマートシティ開発を目的としている。また、三菱商事は、ＡＳＥＡＮ諸国において医療材料の販売を行うため、ホギメディカル社をパートナーとして、シンガポールにＪＶを設立している。ホギメディカル社が保有する医療分野での製品ノウハウと、三菱商事が持つネットワークなどを活かすといった役割分担により、日本企業同士が共同で、対象市場を開拓することを目的としている。加えて、現状では、外国企業が単独で完成車生産を行うことが認められていない中国では、トヨタや日産といった自動車メーカーが、現地企業とのＪＶを通じて、現地での事業を展開している。

また、複数の建設会社が関与するプロジェクトでも、ＪＶが活用されることが多い。インフラ関連の大規模な建設プロジェクトでは、人材を含めて多くの経営資源を短期間に投入する必要があり、単独で全てのリスクを負うことが難しいこともある。過去には、日本の大手ゼネコンが関与するアフリカでの大規模プロジェクトで、工事が遅延・中断して、大きな損害が発生したケースがある。経営資源の確保やリスクに関する負担軽減という観点でも、ＪＶが活用されるケースが多くある。

6．非資本取引

（1）非資本取引のメリット

非資本取引は、契約関係などを通じて、対象国で商品の販売や製造などに取り組むことを指している。グリーンフィールド投資のように単独で事業展開するのではなく、また、資本業務提携のように他社と資本関係を結ぶことのない、第三者との協業による事業展開方法である。企業や設備など、対象国での投資を伴わないこともあり、必ずしも現地への進出方法として捉えられないこともある。しかし、非資本取引は、グリーンフィールド投資や資本業務提携といった、他の進出方法の代替的な手段として検討される。

非資本取引には、業務提携やフランチャイズ契約など、外部企業を通じて商品販売を行うことに加えて、ＯＥＭ（Original Equipment Manufacturing）などにより、外部企業を活用して商品製造を行うことも含まれる。また、ライセンス契約など、企業のブランド力を活用して、第三者が特定の国で商品やサービスを展開することもある。

非資本取引の大きなメリットは、投資リスクが抑えられることや、展開スピードが速いという点である。近年では、第２章で触れた政治的な状況の変化に加えて、ＩＴ技術の急速な発展などを背景に、事業環境が大きく、また、急速に変わることがある。そのような状況下では、非資本取引が有効な手段になるケースが多くあると考えられる。

例えば、米中の貿易戦争によって、中国から米国に輸出する際に関税が掛けられることになったことで、中国で生産活動を行う企業が大きな影響を受けているケースがある。特に、中国に自社工場を持つ企業にとっては、既に大きな投資を行っており、そのような状況の変化に対しての対応がより難しい。他方で、ＯＥＭなどによって、現地企業に生産を委託している場合には、他の関税が掛からない国において、新たな委託先を開拓するという選択肢がある。イギリスのＥＵ離脱についても同様であり、従来は、企業はＥＵ全体を一つの市場として捉えて、イギリスに投資をしてきた側面がある。しかし、欧州とのヒトやモノの流れが制限され、新たに関税が課されることになれば、前提条件が大きく変わることになる。生産設備等への投資を実行する前の段階であれば、それらの条件を考慮して、検討することができる。しかし、事業環境が急激に変わることになれば、自社の設備を多く抱えているほど対応が難しく、リスクが高い。この点は、生産設備への投資に限らず、現地で事業展開している企業への投資も同様であるといえる。

非資本取引では、既に十分な販売ネットワーク、生産設備、技術力などを有する企業を選び、契約関係を結ぶことができる。そのため、グリーンフィールド投資のように、独自で一から築き上げていく場合と比較して、事業展開のスピードが早い。また、現地での直接的な事業展開ではないため、特に新興国などにおいて、現地当局との折衝や、現地ルールに縛られるといった、企業にとって煩雑な対応の多くを回避できるという点でのメリットも大きいと考えられる。

非資本取引は、企業による事業の選択と、経営資源の集中に繋がることが多い。全て独自展開を進める場合には、それだけ企業の経営資源が分散されることになる。自社が得意とする分野にできる限り経営資源を集中して、他の分野については外部から調達するといった戦略によって、経営の効率性改善に繋がるケースがあると考えられる。

（2）非資本取引に関する課題や制約

非資本取引では、販売や製造などを委託するパートナー企業の特定や選定に加えて、資本関係が無い企業間での不安定な関係という点が、大きな課題になる。はじめに、パートナー企業には十分な販売や製造能力があることに加えて、価格や数量といった契約条件で折り合えることが求められる。非資本取引では、パートナー企業との資本関係が無いため、契約上どのような条件で合意するかといった点が極めて重要になる。

例えば、ファースト・フードのフランチャイズでは、契約を提供する側のフランチャイザーは、できるだけ現地で大規模に展開でき、多くの手数料を支払えるフランチャイジーと組みたいと考える。一方で、現地で実際に事業を展開するフランチャイジーは、できるだけ高い商品力やブランド力を提供でき、かつ、合理的な手数料水準で合意できるフランチャイザーと組むことを希望する。資本関係が無い企業間で、それぞれが利益の最大化を試みるなか、両社にとって十分な利益をもたらす関係を構築できる相手を捜すことは、必ずしも容易ではないことが多い。また、高い技術力が求められる分野や、特殊な部品の製造などの委託については、候補となる委託先が限られる可能性が高い。他の候補先が限られる場合には、例えば、条件面での交渉においても、期待する内容での合意が難しいことがある。そのようなケースでは、候補先から提示される様々な条件と、自社で独自に展開する際のコスト面などを比較的、自社にとってどちらが有利かといった検討が求められることになる。

続いて、契約上の関係のみの場合には、仮に条件面で合意して事業が始まった場合でも、不安定な関係が続くことが多くある。この点は契約条件によっても異なるものの、様々な理由によって、相手方企業から契約を解消されるリスクがある。例えば、一方の企業が、より良い条件を提供する他の企業をみつけた場合に、契約が切り替えられるといった恐れがある。また、個別企業の事情に限らず、例えば、為替が大幅に変動することや、現地の労働に関する規制が変更され、従業員の賃金が大幅に上昇する可能性もある。そのような場合には、契約当事者の一方にとって、当初想定していた利益が見込めなくなるというケースもある。前項で触れたように、この点はメリットでもある一方で、事業の安定性という観点では大きな課題になる。

さらに、資本関係が無い企業との連携では、技術やノウハウに関する情報を共有した場合に、漏洩のリスクが非常に高くなる。例えば、商品や部品の製造を委託する場合には、それらの詳細な仕様に関する情報を提供する必要がある。そのような受託生産を行っている企業では、他の競合他社への商品供給行っている可能性もある。そのような場合に、提供した情報の一部が、他社用の商品に活用されるといった恐れがある。また、委託先企業自身が自社ブランドを立ち上げ、独自に販売ネットワークを構築して展開するといった可能性もある。そのようなケースでは、パートナー企業自身が、新たな競合相手になる。契約上はそれらの情報に関する守秘義務や使用制限が掛かっている場合でも、完全に情報漏洩のリスクをなくすことは難しいといえる。

(3) 非資本取引の事例

非資本取引は、多くの業界で幅広く活用されている。例えば、アパレル大手のユニクロは、製造については、新興国を中心とした国の企業に委託する体制を築いている。自社では、商品の企画や販売といった業務に経営資源を集中している。また、ゲーム業界大手の任天堂についても、主要な部品の製造や組み立てについて、グループ外の企業に委託している。米中の貿易戦争が起きたことにより、委託先の生産地を、中国から他国に移したことも報じられている。

最後に、外国企業とのライセンス契約では、アパレル大手の三陽商会と、英バーバリーのケースがある。両社は、１９７０年からアパレル商品のライセンス契約を締結して事業を展開してきたものの、２０１５年には、従来からの関係が解消されている。それぞれが独立した企業であり、両社の運営方針が合わなくなった場合には、関係が比較的解消されやすいといった課題が示されたケースである。

図表7-2　進出方法の特徴

進出方法		一般的 展開スピード	主なメリット	主な課題・制約
① グリーンフィールド投資		遅	・経営判断の自由度 ・現地事業のコントロール ・技術やノウハウ等の維持 ・リターンの最大化	・経営資源 ・事業展開スピード ・外国資本に関する規制
② 買収		中	・対象企業の商品、生産設備、技術力、人材、ノウハウ、顧客・販売ネットワーク等の獲得 ・現地事業のコントロール ・①と比較した際の事業展開スピード	・買収価格 ・買収対象候補 ・外国資本や独占禁止法などの規制 ・統合プロセス
③ 資本業務提携	関係会社	早～中	・他社経営資源の活用 ・外国資本に関する規制等の回避 ・②と比較した際の投資リスクの抑制	・協業の進め方と関係者間での調整 ・技術やノウハウ等に関する情報管理 ・資本業務提携の対象候補
	一般投資	早		
④ ジョイント・ベンチャー		中	・個別事業レベルでの協力 ・経営資源の共同利用 ・外国資本に関する規制等の回避	・パートナー企業の選定 ・関係者間での継続的な意見や利害調整 ・技術やノウハウ等に関する情報漏洩のリスク
⑤ 非資本取引（提携等）		早	・事業展開スピード ・投資リスクの抑制 ・効率的な経営資源の活用 ・急速な環境変化への対応	・パートナー企業の選定 ・関係の不安定性 ・技術やノウハウ等に関する情報漏洩のリスク ・リターンが限定される

出所：筆者作成

おわりに

本書を執筆中に、新型コロナウイルスが世界中で拡がるという事態が生じている。人々の行動が制限され、電車に乗って仕事や学校に行くことや、レストランで食事をすることなど、当たり前だった日常が一変するといった状況に陥っている。リモート・ワークの増加や、人混みの多い場所はできる限り避けるなど、今後の人々のライフスタイルにも大きな影響を及ぼす可能性がある。

新型コロナウイルスの拡散は、需要と供給の両方の観点で、多くのビジネスにとっても深刻な影響を与えた。例えば、ヒトの動きが止まったことで、観光、宿泊、運輸、百貨店、飲食などの業界では、この期間に多くの需要が消失している。日本では、ここ数年間、ビザの緩和もあり、海外からのインバウンド旅行者が大幅な増加傾向にあり、これらの業界に関連する需要拡大にも寄与してきた。しかし、現状では、以前のように国境を超えてヒトが自由に行き来するまでには、相当程度の時間を必要とすることが想定される。そのため、これらの業界に関する海外関連の需要については、回復するまでに年単位の時間を要することが推測される。

一方で、需要自体はあっても、サプライチェーンが分断されたことで、モノの動きが止まる業界もあった。海外で生産されている商品や部品への依存度が高いことが改めて明らかになり、特に、サプライチェーンにおける中国への依存度の高さがという点が明確にみえた。その代表的なモノがマスクや医療用のガウンなどであり、必要なモノが、必要な時に調達できないという大きな問題がみられた。巣ごもりによって需要が増えた任天堂のゲーム機スイッチについても、海外での生産に影響があり、商品の供給に支障が出るといったことが起きている。建築業界や自動車業界でも、部品が供給されないことで事業に影響が出るなど、サプライチェーンにおける課題が示されたといえる。

今回のウイルス拡散による影響は、今後、インバウンド旅行者需要への依存や、サプライチェーンの見直しといった行動に繋がっていく可能性がある。最低でも、短期的な観点では、企業のグローバル展開にブレーキを掛ける要因になると考えられる。しかし、近年では、IT技術などの発展によって、海外との距離が、従来よりも飛躍的に狭まっている。そのような状況下で、今回のコロナウイルスの拡散によって一定期間に渡り人の移動が制限されたとしても、長期的な観点でみれば、グローバル化の動きが止まるということは想定しづらいといえる。

また、日本企業にとっては、中長期的な観点でみた別の大きな問題が存在する。本書の冒頭で触れたように、日本では少子高齢化が進み、将来的に人口が大幅に減少していくことが避けられない状況にある。それに伴い、様々な分野で需要が減少することに繋がると考えられ、それを補い、さらに成長できるだけの需要を獲得するためには、海外市場の開拓が求められる。また、人口減少は、単純に数でみた労働力という点だけではなく、能力も含めて、広い意味での人的資源の減少にも繋がると考えられる。これらの点から、海外市場の開拓は、多くの日本企業にとって、引き続き重要な課題になることが見込まれる。

グローバルな事業展開を進めるうえで、本書で触れた論点はいずれも重要であると考えられ、これらの論点は相互に関連していることが多い。実際に事業展開方法について検討する際には、企業にとって、取り得る幾つもの選択肢があるなかで、なぜその選択肢を実行するのかといった検討が必要になる。それぞれの選択肢には、実行した際に得られるメリットと、実行するうえでの課題や制約がある。そのため、企業が置かれている状況についての分析を行い、適切に状況を把握したうえで、その企業にとってどの選択肢がより良いかという判断をすることが求められる。事業環境が大きく変わるなかで、企業には様々な変化に対応することが求められており、それには、柔軟に幅広い物事に対応できる高い能力を有する人材の確保が大きな課題になると考えられる。

参考文献

【洋語文献】

Combe, Colin (2014) *Introduction to Management*, OXFORD University Press.

Gaspar, J. E.; Bierman L.; Kolari, J. W.; Arreola-Risa A.; Hise, R.T.; Smith, L. M. (2016) *Introduction to Global Business,Second Edition,* Cengage Learning.

Hubbard, N. A. (2013) *Conquering Global Markets,* Palgrave Macmillan.

Porter M. E. (1985) *Competitive Advantage*, The Free Press.

Williamson, O.E (1985) *The Economic Institutions of Capitalism*, The Free Press.

【邦語・翻訳文献】

マイケル・E・ポーター（2018）『新版競争戦略論 I 』,ダイヤモンド社（竹内弘高監訳、DIAMONDハーバード・ビジネス・レビュー編集部訳）

【官公庁・独立行政法人、国際団体等ホームページ】

財務省、外務省、総務省、内閣府、公正取引委員会、ジェトロ（日本貿易振興機構）、OECD（Organisation for Economic Co-operation and Development ）

【さ行】

索 引

価格競争力　41, 78, 83, 87

【著者略歴】

石戸　修（いしど　おさむ）

玉川大学経営学部助教。
監査法人や金融機関での経験を経て現職。
博士（学術）。米国公認会計士。CFA 協会認定証券アナリスト。

日本企業のグローバル事業展開

令和3年2月15日　発行

著　者　石戸　修

発行所　株式会社　溪水社
広島市中区小町 1－4（〒730－0041）
電 話 082－246－7909 ／ FAX 082－246－7876
e-mail：info@keisui.co.jp
URL：www.keisui.co.jp

ISBN978-4-86327-548-5　C1034